JN304125

東野治之校注

岩波書店

凡　例

一　本書は、『上宮聖徳法王帝説《じょうぐうしょうとくほうおうていせつ》』に訓読と注を施し、原文を付したものである。

一　底本には、もと法隆寺に伝来し、現在知恩院の所蔵となっている古写本を使用し、それに校訂を加えた。底本の参照には、表具改装前の姿をよく留める古典保存会のコロタイプ複製（橋本進吉解説、一九二八年）を用いた。本書の写真版としては、簡便には中田祝夫編『上宮聖徳法王帝説』（勉誠社文庫、一九八一年）、さらには版型の大きな奈良国立文化財研究所飛鳥資料館編『聖徳太子の世界』（飛鳥資料館図録第二〇冊、一九八八年）所収のものがあり、沖森卓也・佐藤信・矢嶋泉二〇〇五（参考文献参照）に、現状のカラー図版がある。

一　訓読及び原文には、アルファベット記号と見出しを付けて、分段を施した。分段は、おおむね家永三郎『上宮聖徳法王帝説の研究　増訂版』（三省堂、一九七〇年）のそれに従い、一部変更を加えた。

一　原文の字体は特に統一せず、底本に用いられている字体に近いものを、正字・常用漢字・異体字の中から選んで用いた。現在では誤りとなる通用字もそのままとした。

誤字・通用字に関しては、その右傍に正しい字を〔　〕付きで示すとともに、注で言及した。なお底本では、古写本の通例として、己・巳・已の字体が明瞭には使い分けられていないが、これらについては、特に断ることなく通常の字に改めた。

一　底本の書写時点で、挿入符・倒置符や見せ消ちにより既に正されている誤りは、原文では正しい形にして示した。前後の意味や残画から推定できる字は〔　〕を付けた。

一　底本に施された後人の訂正や追記は、原文に反映させず注で取り上げた。

一　訓読には原則として常用漢字を用い、通用字も書き改めた。訓読の文体は、達意を旨として古代の語法による復原を避け、通常の漢文訓読体とした。仮名遣いは現代仮名遣いを用い、振り仮名は、おおむね慣用の読みに従った。

一　原文・訓読とも、双行注や細字は〈　〉を付けて示した。原文の〈　〉内の／は改行を表す。

一　底本の訓点などは、誤りもあるため、全て省略し、区切点を新たに付した。合点や行頭の記号なども除いた。原文と訓読では文の性格が異なるので、読点の位置は必ずしも一致しない。

一　踊字は、「々」に統一した。

一　その他の校訂に関わることは注でふれた。

一　注では、人物の事績や歴史的事項についての一般的な説明は必要最小限に留め、以下の方針を立てた。

1　一般に定着している聖徳太子・天皇・皇后・皇子・皇女などの称呼はそのまま踏襲する。但し、聖徳太子は「太子」と略称する場合がある。

2　本文の分段は、「Ａａ」のように略称した。

3　史料・典籍名は括弧内の略称を用いた。

日本書紀(紀)　日本書紀用明天皇紀(用明紀　他の天皇紀もこれに倣う)　古事記(記)　聖徳太子伝暦(伝暦)　上宮聖徳太子伝補闕記(補闕記)　日本国現報善悪霊異記(日本霊異記)　法隆寺金堂釈迦三尊像光背銘(釈迦三尊光背銘)　法隆寺金堂薬師如来像光背銘(薬師光背銘)　天寿国繡帳銘(繡帳銘)　法起寺塔露盤銘(法起寺露盤銘)　法隆寺伽藍縁起并流記資財帳(法隆寺資財帳)　大安寺伽藍縁起并流記資財帳(大安寺資財帳)　天寿国曼荼羅繡帳縁起勘点文(繡帳勘点文)　狩谷棭斎『上宮聖徳法王帝説証注』(証注)　家永三郎『上宮聖徳法王帝説の研究』(家永研究)

一　注と解説を通じて言及した参考文献は巻末(一四五―一四九頁)に掲載した。

目次

凡　例

上宮聖徳法王帝説

〔内題〕

上宮《じょうぐう》* 聖徳法王《しょうとくほうおう》* 帝説《ていせつ》*

A 太子の系譜

a 太子の父母と同母弟

伊《い》波《わ》礼池辺双槻《れのいけのへのなみつき》宮*に天の下治《しろ》しめしし* 橘豊日《たちばなのとよひ》天皇*、庶妹《しょまい》*穴穂《あなほ》部間人王《べのはしひとのみこ》*を娶《めと》*りて大后《おおきさき》*と為《な》し生《う》める児、厩戸《うまやとの》* 豊聡《とよと》耳《みみ》*聖徳法王、次に久《く》米王《めのみこ》*、次に殖《え》栗《くり》王*、次に茨田《まむた》王*。

＊上宮　カミツミヤ、ウエノミヤとも。太子の居所で太子の育った父用明天皇の磐余池辺《いわれのいけのへの》双槻《なみつき》宮にあったという(用明紀、推古紀)。転じて太子の別称ともなる。斑鳩《いかるが》宮の別名とする説もあるが、上宮太子、上宮王などと、皇子の称謂として直接用いられるところが特異で、逆に斑鳩宮太子や斑鳩宮王とは呼ぶ例がない。幼少時の宮殿名が名に転化した

ものであろう。古くから地名とする解釈があり、家永研究では氏の名とするが、いずれも確証を欠く。

＊聖徳法王　「聖徳」は太子を称えた諡号《しごう》。令集解公式令《りょうのしゅうげくしきりょう》所引の古記に、諡《おくりな》の例として「聖徳王」を挙げる。聖徳太子と熟する例は、天平勝宝三年（七五一）の懐風藻《かいふうそう》序に初見する。「法王」は仏教に造詣深いミコの意。「法皇」とも（釈迦三尊光背銘）。奈良時代初期、長屋王《ながやおう》は「長屋皇」とも書かれており（長屋王家木簡）、「王」と「皇」は通用した。「皇」は「王」に対し、より敬意が籠るか（東野治之一九九六ｂ）。

＊帝説　他に類のない書名であるため、他書での引用例を参考に「帝記《ていき》」の誤りとする見解も示されてきた。ただ他書での引用も伝本も、全て知恩院《ちおんいん》本から出たことが証せられるので、誤写を裏付ける根拠はない。しかしＣｃに見られる「帝記」からの引用は、Ｂａの文を引いた可能性を打ち消しがたく（太田晶二郎一九九一）、本書本来の書名は「帝記」であったか。一般的には「帝記」は帝紀に同じく、天皇の系譜、継承関係、事績などを記した書とされる。Ｃｃ「帝記を案ずるに云わく」の注参照。

＊伊波礼池辺双欟宮　用明天皇の皇居。記では池辺宮、用明紀では池辺双槻宮。奈良盆地の南東部、磐余池のほとりにあったとされ、大和志（享保二十一年、一七三六年刊）では安部（現在の桜井市阿部）にあったというが遺跡は未確定。「池辺」の地名は、律令制下の「池上郷」に継承されているが（読みはいずれもイケノヘ）、その範囲は桜井市南部に

広がるので、桜井市の上之《うえの》宮《みや》遺跡がその一部に当たり、付近に宮があった可能性もある(東野治之二〇一一ｄ)。

＊天の下治しめしし　天下を統治すること。アメノシタオサメタマウとも。Ｂａ「御宇」の注参照。

＊橘豊日天皇　用明天皇(?—五八七)の和風諡号(紀)。記では「橘豊日王《たちばなのとよひのみこ》」、繡帳銘《しゅうちょうめい》では「多至波奈等已比乃弥己等《たちばなのとよひのみこと》」、元興寺縁起《がんごうじえんぎ》所引の丈六光銘《じょうろくこうめい》では「多知波奈土与比《たちばなのとよひ》天皇」。父は欽明《きんめい》天皇、母は蘇我稲目《そがのいなめ》の娘、堅塩媛《きたしひめ》。

＊庶妹　この場合は異母妹(下文についても同様)。

＊穴穂部間人王　写本に欠損があるが、左傍に「妹穴穂部間」の補記がある。今これに拠ったが、もとは「妹穴太部間」か。後文では「穴太部間人王」(?—六二二)。母は蘇我稲目の娘、小姉君《おあねきみ》。本書のＡでは、おおむね男子は「王」、女子は「女王」と書き分けているが、穴太部間人王については、男女の書き分けがなされず、古風な表記を留める。本書Ｃｃでは「穴太部王」、繡帳銘では「孔部間人公主《あなほべのはしひとこうしゅ》」、「孔部間人母王」とも。

＊娶　以下、男子が女子を「娶」って子を生むという形式で系譜が示される。

＊大后　大后は天皇の正妻で、その地位は律令制下の皇后に継承されたとする見解が、かつては有力であったが、史料的に裏付けられず、キサキの中の主だったものとするのが妥当(遠藤みどり二〇一一)。天寿国繡帳銘Ｃｄに堅塩媛を大后とするのは、尊称であろう。

＊厩戸　生没年については、Ｅｂ「甲午年《きのえうま》に産まれ」、「壬午年《みずのえうま》二月廿二日に薨逝《こうせい》する也」の注参照。母皇后が「禁中を巡行して、諸司を監察し、馬官《うまのつかさ》に至り、乃ち厩《うまや》の戸に当たって」労せずして出産したことから命名されたという（推古紀）。キリスト降誕との類似が言われたこともあり、支持する説もあるが（松前健一九九九）、関係は確言できない。皇子女の諱《いみな》は地名や養育氏族に基づく場合が多いが、厩戸も、葛上《かつじょう》郡の「馬屋戸」（寛元二年（一二四四）吉野《よしの》金峰山《きんぷせん》世尊寺鐘銘《せそんじしょうめい》）に基づくか（遠山美都男一九九五）。

＊豊聡耳　耳聡《さと》い意味の「聡耳」に「豊」が付いたもの。太子の尊称の一つ。複数の人物の訴えを同時に聞いて誤らなかったところから来ている。元興寺縁起所引の塔露盤銘《とうろばんめい》、繡帳銘に「等已刀弥々《とよとみみ》」とある。

＊久米王　記は同表記、紀では「来目皇子」。本書Ａでは、一般に皇子を「王」、皇女を「女王」とし、皇子・皇女の称を用いていない。この表記法は記に頻出し、律令制浸透前の古い表記法である（東野治之一九九六ａ）。久米王は推古十年（六〇二）二月、新羅《しらぎ》征討の将軍となって北九州に下向したが、六月に病に罹り、翌年二月、かの地で没した。上宮記《じょうぐうき》には、敏達《びだつ》の皇女由波利《ゆはり》王との間に、男《おのこ》王・星河《ほしかわ》女王・佐富《さほ》王の三子、膳妃《かしわでひ》（菩岐々美郎女）の妹比里古女郎《ひろこのいらつめ》との間に、一子高椅《たかはし》王のあったことが見える。その後裔、藤津《ふじつ》王は延暦十年（七九一）七月、登美真人《とみのまひと》姓を賜り、少納言《しょうなごん》・治部《じぶ》大輔《たいほ》・兵部《ひょうぶ》大輔などを歴任する一方、法隆寺の檀越《だんおつ》として重きをなした。

＊殖栗王　記は「植栗王」、用明元年（五八六）正月紀では「殖栗皇子」。
＊茨田王　記は同表記、用明元年正月紀では「茨田皇子」。

b　太子の異母兄弟姉妹

又天皇、蘇我伊奈米宿祢大臣《そがのいなめのすくねのおおおみ》＊の女子、名は伊志支那郎女《いしきなのいらつめ》＊を娶りて生める児、多米《ため》王＊。又天皇、葛木当麻倉首《かずらきのたぎまのくらのおびと》、名は比里古《ひろこ》＊の女子、伊比古郎女《いひこのいらつめ》＊を娶りて生める児、乎麻呂《おまろ》古《こ》王＊、次に須加弖古女王《すかてこのひめみこ》＊〈此王は、伊勢の神の前に拝祭＊し、三天皇に至る也＊〉。合せて聖王の兄弟、七王子也＊。

＊蘇我伊奈米宿祢大臣　記では「宗賀之稲目」、紀では「蘇我稲目」、下文では「宗我稲目」。「宿祢」は尊称。宣化《せんか》朝・欽明朝で大臣《おおおみ》に任じられた。用明・推古・崇峻《すしゅん》各天皇の外祖父。欽明三十一年（五七〇）没。
＊伊志支那郎女　用明紀では「石寸名皇女」。
＊多米王　記は同表記、用明元年正月紀では「田目皇子」、またの名「豊浦《とゆら》皇子」。本文後段にあるように、父用明天皇の没後、義理の母穴太部間人《あなほべのはしひと》皇女を妻とした。Ａｅ参照。

＊葛木当麻倉首、名は比里古　記では名を「比呂」とする。「倉首」は、倉庫の出納に当たる倉人《くらびと》を統括する伴造《とものみやつこ》氏族。用明元年正月紀に「葛城直磐村《かずらきのあたえいわむら》」とあるのは異伝か。

＊伊比古郎女　記では「飯之子《いいのこ》」、用明元年正月紀では「広子」。広子は葛木当麻倉首比里古の名を娘の名と誤ったか。紀では父を「葛城直磐村」とする。

＊乎麻呂古王　用明元年正月紀では「麻呂子《まろこ》皇子」、記では「当麻《たぎま》王」。用明紀には麻呂子皇子が当麻公《たぎまのきみ》の祖とする。推古十一年(六〇三)紀では、「当麻皇子」として見え、来目皇子病没のあと、新羅《しらぎ》征討の将軍となるが、果たさなかったとある。

＊須加弖古女王　用明元年正月紀では「酢香手《すかて》姫皇女」、記では「須加志呂古郎女《すかしろこのいらつめ》」。記の表記について証注は、原表記は「須賀代古」で、「代」をシロと読んだところから「志呂」と誤り伝えられたとする。

＊伊勢の神の前に拝祭　いわゆる斎王《さいおう》として神宮に派遣されたことを言う。記に「拝祭伊勢大神之宮」(崇神《すじん》段)等とあるのと同じ。記紀以外で初期の斎王の存在にふれた史料として貴重であるが、解説一四二頁で述べたように、必ずしも本書本来の注とは断ぜられない。

＊三天皇に至る也　用明・崇峻・推古の三代。底本「也」の大部分を欠失する。

＊兄弟、七王子也　「兄」の下の二字欠失、下文の類例や意味から補う。「弟」「第」を適宜通用する底本の用字傾向からすると、「弟」はもと「第」に作っていたか。ここの

「王子」は、男女を合わせ含み、記と共通する古風な用法である（東野治之一九九六a、同一九九六b）。下文の「十四王子」についても同様。上宮記は、子女の合計を「王」単位で記している。

c　太子の子女

聖徳法王、膳部加多夫古臣《かしわでのかたぶこのおみ》*の女子、名は菩岐々美郎《ほききみのいらつめ》〔女〕*を娶りて生める児*、舂米《つきしね》女王*、次に長谷《はつせ》王*、次に久波太《くわた》女王*、次に波止利《はとり》女王*、次に三枝《さきくさ》王*、次に伊止志古《いとしこ》王*、次に麻呂古《まろこ》王*、次に馬屋古《まやこ》女王*。〈已上《いじょう》八人*〉。又聖王*、蘇我馬古叔尼大臣《そがのうまこのすくねのおおみ》*の女子、名は刀自古郎女《とじこのいらつめ》*を娶りて生める児、山代大兄《やましろのおおえ》王*〈此の王、賢《さか》しく尊《とうと》き心有り、身命を棄《す》てて人民を愛する也。*後人、父聖王と相濫《あいみだ》るは非也〉*、次に財《たから》王*、次に日置《へき》王*、次に片岡《かたおか》女王*。〈已上四人*〉。又聖王、尾治《おわり》王*の女子、位奈部《いなべの》橘《たちばな》王*を娶りて生める児、白髪部《しらかべ》王*、次に手嶋《てしま》女王*。合せて聖王の児、十四王子也*。

＊膳部加多夫古臣　紀では「膳臣傾子《かたぶこ》」（欽明紀）、「膳臣賀拕夫《かたぶ》」（崇峻紀）、上宮記では

「食部加多夫古臣《かしわでかたぶこのおみ》」。欽明三十一年(五七〇)五月、高句麗使《こうくりし》を饗するため、越《こし》(北陸)に遣わされ、用明二年(五八七)には物部守屋《もののべのもりや》征討に参加した。

＊菩岐々美郎女　膳妃《かしわでひ》、高橋妃などとして知られる。底本「郎」の下が欠失して、「生」を異筆追記するが、もとはその間に「女」があったと見られる。釈迦三尊光背銘では「干食王后」(Ｃｂ)とあり、太子の病とともに病臥し、太子より一日早く亡くなったと見える。

＊生める児　底本「生」字を欠失、異筆で補う。

＊春米女王　上宮記も同表記。下文では「春米王」。Ａｄ「山代大兄王《やましろのおおえ》」の子女を記した中に、その母として見え、異母兄の山背大兄王に嫁したことが知られる。皇極《こうぎょく》紀元年(六四二)是歳《ことし》条に、上宮の乳部《みぶ》を継承していたことが見える「上宮の大娘姫王《おおいらつめのひめみこ》」は、この春米女王とする説がある。

＊長谷王　上宮記に「己乃斯里《このしろ》王〈字長谷部《はつせべ》王〉」とある。補闕記《ほけつき》や伝暦《でんりゃく》は、これを受けて「近代王《このしろ》」に作る。舒明《じょめい》即位前紀には「泊瀬仲王《はつせのなかつみこ》」「泊瀬王」とも。同紀に「我等父子(聖徳太子と自分)、並びに蘇我より出づ」との発言が見え、太子の子女達が、母の出自と関係なく、蘇我氏との血縁関係を重大に意識していたことを示唆する。舒明の即位をめぐり、山背大兄王を推す境部摩理勢《さかいべのまりせ》を、斑鳩《いかるが》にあった自らの宮に匿《かくま》い急死した。

＊久波太女王　上宮記は「久波侈女王」に作る。

＊波止利女王　上宮記は「波等利女王」に作る。

＊三枝王　上宮記では膳妃所生の子女を七王とするので、この王を一人と数えず、続く三王の総称とする説もあるが、傍証はなく、家永研究のように一人の王と数えるべきであろう。

＊伊止志古王　上宮記は「兄伊等斯古王」に作る。「兄」は前注「三枝王」を三つ子の総称と見た結果である。

＊麻呂古王　上宮記は「弟麻里古王」に作る。

＊馬屋古女王　上宮記は「次馬屋女王」に作る。「次」も「三枝王」を三つ子の総称と見た結果である。

＊已上八人　この四字、あるいは異筆による追記か。

＊聖王　太子の称号の一つ。七世紀末、法隆寺再建期の薬師光背銘に「東宮聖王」とあり、舒明即位前紀に見える山背大兄王の言葉に「(境部)摩理勢は素《もと》より聖皇の好《よみ》したまへる所」とある。Ａａ「聖徳法王」の注で述べたとおり、「聖皇」は「聖王」に通じる。在世の皇帝や天皇に上奏する際、二人称として「聖帝」が使われることもあるが、「聖王」は過去の君主を指す例が圧倒的である。太子は即位もしておらず、やはりここは聖徳王と同じく、没後の尊称であろう。

＊蘇我馬古叔尼大臣　紀では「蘇我馬子」。名は上宮記で「汙麻古《うまこ》」、元興寺縁起所引の塔

露盤銘と丈六光銘では「有明子《うまこ》」とも。叔尼は宿祢の古い表記で、ここでは尊称。蘇我稲目の子で、敏達・用明・崇峻・推古の歴朝で大臣《おおおみ》の任にあった。推古三十四年(六二六)没。本書には現れないが、もう一人の娘、法提郎女《ほてのいらつめ》を田村皇子(後の舒明)に入れ、古人大兄《ふるひとのおおえ》皇子を生ませている。ソガの表記については、Cd「巷奇大臣、名は伊奈米足尼」の注参照。

＊刀自古郎女　上宮記も同表記。底本「刀自」を異体字で一字に作る。太子の子女を生んだ三人の妃の内、この妃には太子が没する時の伝承がない。おそらく太子に先立って没したのであろう。

＊山代大兄王　上宮記は「山尻《やましろ》王」、法起寺露盤銘《ほっきじろばんめい》は「山代兄王《やましろのえのみこ》」、推古紀は「山背大兄」、舒明紀は「山背大兄王」に作る。大兄は、天皇ないし有力皇族の長子の称号。必ずしも皇位継承資格者を意味しない。

＊此の王、賢しく尊き心有り、身命を棄てて人民を愛する也　この人物評は、蘇我氏による攻撃に際してとったと伝える態度を踏まえる。皇極二年(六四三)十一月紀に詳しい。

＊後人、父聖王と相濫るは非也　山背大兄王と太子を混同した事例は、現存史料には見当たらない。

＊財王　上宮記も同表記。

＊日置王　上宮記は「俾支王」に作る。上宮記には、蘇我伊斯売支弥《いしめきみ》を娶り、一男二女が

あったことを記す。

＊片岡女王　上宮記は「片岡王」に作る。奈良県王寺町の片岡王寺《かたおかおうじ》（放光寺）は、この女王の開いた寺であろう（東野治之二〇一一e）。また、法隆寺資財帳《ほうりゅうじしざいちょう》に、「金涅銅灌頂《こんでいどうかんじょう》壱具、右、片岡御祖命《かたおかのみおやのみこと》納め賜う。納むる時を知らず」と見える施入者《せにゅうしゃ》片岡御祖命もこの女王と見られる。御祖命は一族の中でも年長の女性を尊んだ称である。母刀自《とじ》古郎女《このいらつめ》が太子より十年早く没したとして、末子である片岡女王がその直前の出生とすれば、女王が法隆寺の再建された天武・持統朝まで存命でもおかしくない。補闕記は、皇極二年（六四三）の蘇我氏らによる上宮王家襲撃で滅された二十三王の内に「片岳《かたおか》女王」を挙げるが、そこに列記された子女の中には、紀の記述から、葛城《かずらき》に退去して没した菅手《すがて》古《こ》王（酢香手姫）や、さらに弓削《ゆげ》王のように、補闕記自身、別の機会に殺害されたことを記す人物が含まれ、史実とするのは妥当でない。上宮王家の全滅ということ自体、伝説の域を出ないであろう。

＊已上四人　この四字、あるいは異筆による追記か。

＊尾治王　敏達と推古の間に生まれた皇子。記に「小張王」、敏達五年三月紀に「尾張皇子」、上宮記に「乎波利王」、繡帳銘に「尾治王」ないし「尾治大王」と見える。同母姉の菟道貝鮹《うじのかいたこ》皇女（一名、菟道磯津貝《しつかい》皇女）は太子の妃の一人。国名や氏姓名の「尾張」は、七世紀から八世紀初めの木簡では「尾治」の表記が一般的で、この場合もそれと共通す

る古風な表記である。

＊**位奈部橘王**　上宮記は「韋那部《いなべ》橘王」に作る。繡帳銘では「多至波奈大女郎《たちばなのおおいらつめ》」。橘は現在も明日香村に残る地名と関わるか。太子の没後、その往生の様を見るため、天寿国繡帳を作らせたという（繡帳銘Ｃｄ）。

＊**白髪部王**　上宮記も同表記。

＊**手嶋女王**　底本はこの部分欠失し、異筆で「乎嶋女王」と補われているが、上宮記によって、このように復原できる。

＊**十四王子也**　Ａｂ「兄弟、七王子也」の注参照。

ｄ　太子の孫

山代大兄王、庶妹春米《つきしね》王＊を娶りて生める児、難波麻呂古《なにわのまろこ》王＊、次に麻呂古《まろこ》王＊、次に弓削《ゆげ》王＊、次に佐々《ささ》女王＊、次に三嶋《みしま》女王＊、次に甲可《こうか》王＊、次に尾治《おわり》王＊。

＊**春米王**　膳妃《かしわでひ》（Ａｃ菩岐々美郎女）所生の春米女王で、山背大兄王の異母妹。ここでは男女を区別しない表記となっている。

＊**難波麻呂古王**　上宮記は「難波王」に作る。

＊麻呂古王　上宮記は「麻里古王」に作る。

＊弓削王　上宮記も同表記。補闕記によると、癸卯《みずのとう》年(皇極二、六四三)十一月辛卯《かのとう》(十六日)、斑鳩寺《いかるがでら》で大狛《おおこま》法師の手にかかり殺害されたと言う。

＊佐々女王　上宮記は「作々女王」に作る。

＊三嶋女王　上宮記はこの女王を欠く。

＊甲可王　上宮記は「加布加王」に作る。

＊尾治王　上宮記は「乎波利王」に作る。太子の妃、位奈部《いなべ》橘王の父とは別人。

e　太子の甥姪

聖王の庶兄《しょけい》＊多米《ため》王、其父池辺《いけのへ》天皇＊の崩ぜし後、聖王の母、穴太部間人王《あなほべのはしひとのみこ》を娶りて生める児、佐富《さほ》女王＊也。

＊庶兄　この場合は異母兄。

＊池辺天皇　Ａａの橘豊日(用明)天皇。

＊佐富女王　上宮記も同表記。上宮記に、Ａｃの長谷《はつせ》王(長谷部《はつせべ》王)に嫁したことが見える。

f　太子の祖父・父母・伯叔

斯貴嶋《しきしま》宮*に天の下治しめしし阿米久尓於志波留支広庭《あめくにおしはるきひろにわ》天皇*〈聖王の祖父也〉*、檜前《ひのくま》天皇*の女子、伊斯比女命《いしひめのみこと》*を娶りて生める児、他田宮《おさだ》*に天の下治しめしし天皇、怒那久良布《ぬなくらふ》刀多麻斯支《とたましき》天皇*〈聖王の伯叔《おじ》也*〉。又宗我稲目足尼《そがのいなめのすくね》*大臣《おおおみ》の女子、支多斯比売命《きたしひめのみこと》*を娶りて生める児、伊波礼池辺宮《いわれのいけのへ》に天の下治しめしし橘豊日天皇〈聖王の父也〉、妹少治田《おわりだ》宮*に天の下治しめしし止余美気加志支夜比売《とよみけかしきやひめ》天皇*〈聖王の姨母《おば》*也〉。又支多斯比売の同母弟*、乎阿尼命《おあねのみこと》*を娶りて生める児、倉橋宮*に天の下治しめしし長谷部《はつせべ》天皇*〈聖王の伯叔也〉*、姉穴太部間人王〈聖王の母也〉。

右、五天皇*は他人を雑《まじ》うること無く*、天の下治しめしし也。〈但し、倉橋は第四*、少治田は第五也〉

＊斯貴嶋宮　欽明天皇の皇居。記では「師木嶋宮」、欽明元年七月紀では「磯城嶋金刺宮《しきしまのかなさし》」、繡帳銘では「斯帰斯麻宮」。奈良盆地の南東部、現在の桜井市にあったと見られるが、遺跡は未確定。底本「斯貴嶋宮」の左上に「祖」と追記があるのは、欽明が以下の皇統

の親であることを示したものか。「祖」はオヤと読める。
＊阿米久尓於志波留支広庭天皇　欽明天皇の和風諡号。記では「天国押波流岐広庭天皇」、紀では「天国排開《おしはるき》広庭天皇」、元興寺縁起所引の塔露《とうろ》盤銘《ばんめい》では「阿米久爾意斯波羅岐比里爾波弥己等」に作る。底本「天」の大部分を欠失。即位事情や仏教伝来については、Ｄｂ「戊午年」の注参照。
＊聖王の祖父也　父方、母方とも、太子の祖父は欽明天皇。
＊檜前天皇　宣化天皇。天皇は檜隈廬入野《ひのくまのいおいりの》宮(宣化紀)を皇居とした。
＊伊斯比女命　記では「石比売命」、宣化元年(五三六)三月紀では「石姫皇女」に作る。
＊他田宮　敏達天皇の皇居。敏達四年紀是歳条に、「他田」を「訳語田」に作る。奈良県桜井市にあったと見られるが、遺跡は未確定。
＊怒那久良布刀多麻斯支天皇　敏達天皇の和風諡号。記では「沼名倉太玉敷命」、紀では「渟中倉太珠敷天皇」、繡帳銘では「蕤奈久羅乃布等多麻斯支乃弥己等」に作る。敏達十四年(五八五)八月没。
＊聖王の伯叔也　太子の父母の異母兄に当たる。伯叔は単におじの意。
＊宗我稲目足尼　「足尼」は宿祢・叔尼と同じくスクネで、ここは尊称。埼玉県稲荷山《いなりやま》古墳出土の金象嵌《きんぞうがん》鉄剣銘(五三一年)にすでに見える古い表記である。「宗我」はＡｂやＡｃでは「蘇我」と表記されているので、Ａｆはそれまでと原拠を異にする可能性がある。

＊**支多斯比売命**　記では「岐多志毘売」、欽明二年三月紀では「堅塩媛」とあり、「岐拖《きた》志《し》」の訓注を付す。

＊**少治田宮**　推古天皇の皇居。記では「小治田宮」、紀では「小墾田宮」に作る。推古十一年(六〇三)に豊浦《とゆら》宮から移って皇居とした。明日香村雷丘《いかずちのおか》の東から奈良時代の小治田宮と見られる遺跡が見つかっており、推古朝の宮も近傍にあったと考えられる。

＊**止余美気加志支夜比売天皇**　推古天皇の和風諡号。記では「豊御食炊屋比売命」、紀では「豊御食炊屋姫天皇」に作る。推古三十六年(六二八)没。

＊**姨母**　姨は母方のおばを指す語であるが、ここは「姨母」の二字で単におばの意。

＊**弟**　底本通じて「第」に作る。古代には姉に対する妹を言う。妹は兄に対する語。

＊**平阿尼命**　記では「小兄比売」と表記し、岐多志毘売の姨《おば》とする。欽明二年三月紀では「小姉君」。

＊**倉橋宮**　崇峻天皇の皇居。記では「倉椅柴垣《くらはしのしばがき》宮」、崇峻即位前紀では「倉梯」に作る。奈良県桜井市の倉橋にあったと見られるが、遺跡は未確定。

＊**長谷部天皇**　崇峻天皇の和風諡号。記では「長谷部若雀《はつせべのわかさざき》天皇」、紀では「泊瀬部《はつせべ》天皇」に作る。崇峻五年(五九二)暗殺されて没。Ｅａ「壬子年十一月に崩ず」の注参照。

＊**聖王の伯叔也**　太子の父の異母弟、母の同母弟に当たる。ここの伯叔も単におじの意。

＊**五天皇**　欽明・敏達・用明・崇峻・推古の五人。

＊他人を雑うること無く　欽明を祖とする一つの血統で、の意か。繡帳銘の系譜も欽明から説き起こされている。

＊第四　底本「弟」を「第」に通じて使用。次の「第五」も同じ。

B　太子の事績

a　政治上の事績

少治田《おわりだ》宮に御宇《あめのしたしろ》*しめしし天皇の世、上宮厩戸豊聡耳命、嶋大臣《しまのおおみ》*と共に天下の政を輔《たす》けて、*三宝を興隆し、*元興《がんごう》*・四天皇《してんのう》*等の寺を起つ。爵《しゃく》十二級を制す*。大徳、少徳、大仁、少仁、大礼、少礼、大信、少信、大義、少義、大智、少智。

＊御宇　既出の「治天下」と同じく、アメノシタシロシメス。ただ、金石文などにおける用例から、「御宇《ぎょう》」は大宝令以降、使用されるようになったと見る説が有力（市川寛一九三三）。用字は異なるが、先行使用の例として、薬師寺東塔檫銘《さつめい》の「馭宇《ぎょう》」がある。「治天下」と「御宇」は同義でも、漢籍の用例では、王に対して「治天下」が、皇帝に対して「御宇」が使われる傾向がある（栗原朋信一九七八、東野治之二〇〇四a）。

＊嶋大臣　蘇我馬子を指す。推古三十四年（六二六）五月紀に、馬子は飛鳥川のほとりに家を構え、庭園の池に小島を作らせたので、時の人が「嶋大臣」と言ったとある。古代に

は庭園そのものをシマと称した。明日香村島庄《しまのしょう》で発見されている庭園跡が、この馬子の邸宅と考えられている。

＊嶋大臣と共に天下の政を輔けて　太子の執政が、蘇我馬子との共同統治であったことを示す史料として著名。ここでは具体的施策として、三宝の興隆と冠位《かんい》十二階《じゅうにかい》の制定が上げられている。底本「政」の右傍に異筆で「政」と追記。底本はもと「改」で、それに対して加えられたか。現状では底本の「政」は上からの重ね書きで「政」と正されている。

＊三宝を興隆し　推古二年二月紀に「皇太子及び大臣に詔して、三宝を興隆せしむ」とあり、これに応じて諸臣が寺を建てたことが記される。

＊元興　飛鳥寺の法号。創建時の法号は法興寺《ほうこうじ》で、平城京遷都に伴い寺籍を移して新営されるに及び、元興寺を称するようになり、飛鳥に残った寺は本元興寺《もとがんごうじ》となったと考えられる(太田博太郎一九七九)。紀や元興寺縁起によると、飛鳥寺は崇峻元年(五八八)から、百済工人の技術を導入して造営された最初の本格的寺院であるが、主要部が完成するのは推古朝。実質的な発願者《ほつがんしゃ》は蘇我馬子である。発掘調査の結果、塔を中心に、その東西と北に金堂を置く、特殊な伽藍配置を取っていたことが判明、塔心礎から舎利容器と荘厳具《しょうごんぐ》が出土した。中世以降全く衰微したが、安居《あんご》院《いん》として本尊を伝えた。現在、明日香村にある飛鳥寺は安居院の改称したもの。

＊四天皇　底本は「天四皇」と誤り、倒置符を付けて訂正する。「皇」は「王」に通じ、四天王寺。崇峻即位前紀によれば、物部守屋《もののべのもりや》を討伐するに際し、馬子らとともに征討軍に加わった太子が、勝利の暁に寺を建立する誓願を立てたのが端緒と言う。補闕記《ほけつき》は、初め玉造《たまつくり》の東岸のほとりに建てられ、のち現在の所在地である大阪市天王寺区、当時の荒墓《あらはか》(荒陵)に移ったという。推古元年(五九三)是歳紀に建立のことが見えるが、出土する瓦の年代からも七世紀初頭の造営と考えられる。塔の北に金堂を置く伽藍配置は、四天王寺式として知られる。後段のように、太子建立寺院の筆頭に挙げられるのが普通であるが、ここで蘇我氏主導の飛鳥寺が先に来ているのは、太子偏重に陥らない客観的な記述と言える。家永研究では、元興寺を筆頭に置く序列は、この部分が元興寺の所伝から出た結果とするが、他に典拠となる史料があった可能性もあり、断定は避けるべきであろう。

＊爵十二級を制す　以下に列挙される十二階の冠位の制定を言う。「少礼」の「少」と「礼」のほとんどは欠失、「大信」「少信」は左半を欠き、右傍に異筆で「小礼　大信　小信」と追記される。紀では推古十一年(六〇三)十二月に施行、翌年正月に初めて諸臣に賜与されたことが見えるが、立案者には言及がない。この冠位十二階の制度は、のちの位階制に繋《つな》がる官僚制度の萌芽として評価されている。最高位の大徳は、大宝令制の四位相当とする見方が有力。十二階の名称は五常《ごじょう》(仁義礼智信)に基づくが、その順番は、

唐の外台秘要《げだいひよう》(巻三九)に載せるものと一致し、通常の順番とは異なっている。冠位名に「小」と「少」が混用されているが、両字は通用したので、特に意味はない。冠位を「爵」ないし「爵位」と呼ぶのは、日本の位階が人物を直接序列化する点で、中国の「爵」と似た性格を有したためとする説がある(宮崎市定一九九二)。

b　生誕と人となり

池辺《いけのへ》天皇の后《きさき》、穴太部間人王《あなほべのはしひとのみこ》、厩《うまや》の戸より出でし時*、忽《たちま》ちに上宮王《じょうぐうおう》を産《う》み坐《ま》す*。王《みこの》命《みこと》*、幼少にして聡敏《そうびん》、智有り。長大の時に至り、一時に八人の白言《はくげん》を聞きて*、其の理を弁ず。又一を聞きて八を智《さと》る*。故に号して厩戸豊聡八耳命《うまやとのとよとやつみみのみこと》と曰《い》う。池辺天皇、其の太子聖徳王、甚だ之を愛念し、宮の南の上の大殿《おおとの》に住わしむ。故に上宮王と号する也*。

＊厩の戸より出でし時　推古元年四月紀には潤色の進んだ説明があり、母后が禁中を巡行し諸司を監察していて、馬官《うまのつかさ》に至り、厩の戸のところで労することなく産んだとする。

Aa「厩戸」の注参照。

＊産み坐す　底本「坐」は、挿入符を付けて右傍に追記。この字は従来「生」とされてきたが、それでは「産」と重複し、字形からも「坐」が妥当である。

＊王命　推古二十九年二月紀の太子薨去の記事に「皇子命《みこのみこと》」とあるのと同じ称号。大安《だいあん》寺資財帳《じしざいちょう》にも「上宮皇子命」と見える。ミコノミコトと称された皇子には、中大兄《なかのおおえ》（中《なかつ》皇命《みこのみこと》）、草壁《くさかべ》皇子（日並皇子尊《ひなみしのみこのみこと》）、高市《たけち》皇子（後皇子尊《のちのみこのみこと》）などがあり、いずれも皇権の代行者として認められた人物である。推古元年四月紀に太子を「皇太子と為し、仍《より》て政《まつりごと》を録摂《ろくせつ》せしむ」とあり、俗に摂政と言われるが、実態はミコノミコトとしての政務代行であったと見られる（東野治之一九九六ｃ、同二〇〇五ａ）。

＊一時に八人の白言を聞きて　太子の聡明さを語る伝承であるが、紀や日本霊異記《にほんりょういき》では、さらに進んでひとたびに十人の訴えを聞いたとする。補闕記は八人としていて、その限りでは古形を伝える。

＊一を聞きて八を智る　補闕記にはさらに誇張して「一を問いて十を知り、十を問いて百を知り、問わずして知り、思わずして達す」とある。

＊故に上宮王と号する也　Ａａ「上宮」の注参照。

C　学　業

上宮王、高麗《こま》の慧慈《えじ》法師*を師とす。王命《みこのみこと》、能《よ》く涅槃常住《ねはんじょうじゅう》、五種仏性《ごしゅぶっしょう》の理*を悟《さと》り、明らかに法花《ほっけ》三車《さんしゃ》、権実《ごんじつ》二智《にち》の趣きを開き*、維摩《ゆいま》の不思議解脱《ふしぎげだつ》の宗《しゅう》*に通達し、且《か》つ経部《きょうぶ》、薩婆多《さつばた》両家の弁*を知る。亦《ま》た三玄五経《さんげんごきょう》*の旨を知り、並びに天文、地理の道*に照《あきら》かなり。即ち法花等の経疏《きょうしょ》七巻を造る。*号して上宮御製疏《じょうぐうぎょせいしょ》*と曰う。太子問う所の義、師の通ぜざる所有らば、*太子、夜夢に、金人《きんじん》の来たり解けざるの義を教うるを見る。太子寤《さ》むる後、即ち之を解く。乃《すなわ》ち以て師に伝え、師も亦た領解《りょうげ》す。是《かく》の如きの事、一二に非《あら》ざる耳《のみ》。

＊慧慈法師　推古三年(五九五)五月紀に、高句麗僧《こうくりそう》として来日し、太子の師となったことが見える。同四年十一月、百済《くだら》の僧慧聡《えそう》とともに法興寺に住した。推古元年四月紀にも太子の内教(仏教)の師と見える。

＊涅槃常住、五種仏性の理　家永研究は、太子時代に涅槃経《ねはんぎょう》が舶載されていたかどうかは不明と言う前提の下に、以下の記述を太子著作とされる三経義疏《さんぎょうぎしょ》に関わると考え、ここ

は勝鬘経《しょうまんぎょう》に説く五種如来蔵《にょらいぞう》の教義と解する。しかし、六世紀前半の百済に梁《りょう》から涅槃経等の経義が伝えられていることからも、主要な大乗経典である涅槃経がすでに舶載されていたことは確かであろう。涅槃経如来性品《にょらいしょうほん》(四の一)に「涅槃名曰常住」(涅槃、名づけて常住という)とあり、また「如来常住、悉有仏性」(如来常住、悉《ことごと》く仏性を有す)とも言うので、五種仏性は、その仏性の五分類と解するのが妥当である(石田尚豊一九九八)。

＊法花三車、権実二智の趣き　三車は、法華経譬喩品《ほけきょうひゆぼん》に見える羊、鹿、牛の車。悟りに至る過程を三つの乗り物のたとえを使って説く。権実二智は、物事を現象と本質の二面から理解すること。ともに法華経の重要な趣旨を簡潔にまとめたものである。なお法華の「華」を「花」と書くのは、周の則天《そくてん》皇帝(いわゆる則天武后)の祖父の諱《いみな》を避けた習慣が伝わった結果と考えられている(内藤乾吉一九六七)。本書では「法花」の表記がほとんどであるが、この表記が本書の当初からのものかどうかは明らかにできない。

＊維摩の不思議解脱の宗　維摩経《ゆいまきょう》は、一名不可思議解脱《ふかしぎげだつ》と言われる(維摩経経題)。太子が維摩経に通じていたことを言ったもの。

＊経部、薩婆多両家の弁　小乗仏教の学派である経量部《きょうりょうぶ》と薩婆多部《さつばたぶ》の論説。太子が小乗仏教を学んだとするこの記述には、かねてから疑問が呈されてきた。ただ、隋書倭国伝《ずいしょわこくでん》に見える倭王の国書には、大智度論《だいちどろん》を介してではあるが、仏教的な世界観への理解がうかがわれる(東野治之一九九二)。また七世紀中ごろに作られたと考えられる玉虫厨子《たまむしずし》には須《しゅ》

弥山《みせん》世界の図が画かれ、これまた早くから仏教の世界観の受容されたことを示す。こうした仏教の宇宙・世界を詳細に説いているのが、経量部や薩婆多部で重んじられた倶舎《くしゃ》論《ろん》であることを考えると、太子がこれに通じた可能性は否定できない。本書のこのくだりは、小乗仏教全般ではなく、倶舎論など部分的な修学を指すと理解すれば、あえて疑う必要はない。

＊三玄五経　三玄は荘子《そうじ》・老子・周易《しゅうえき》(顔氏家訓《がんしかくん》)。太子撰と伝える維摩経義疏《ゆいまきょうぎしょ》には老子からの引用がある。五経は儒教の古典。その書目は一定しないが、初学記《しょがっき》所引の白虎通《びゃっこつう》注は易・詩・書・礼・春秋(周易・毛詩《もうし》・尚書《しょうしょ》・礼記《らいき》・春秋)を挙げ、釈日本紀《しゃくにほんぎ》(継体七年)は礼書・楽書・論語・孝経《こうきょう》・尚書を挙げる。やはり維摩経義疏に、尚書・論語・春秋《しゅんじゅう》左氏伝《さしでん》の引用がある。ここは個々の書物よりも、三玄五経で外典の学問を総称したのであろう。推古元年四月紀に、太子の外典の師として覚哿《かくか》が見える。僧侶・貴族が仏教とともに老荘《ろうそう》や儒教を学ぶのは、中国南北朝時代から隋唐にかけて、極めて一般的な傾向であった。

＊天文、地理　中国では天の文、地の理として並称されることが少なくない。推古十年(六〇二)十月紀に、百済僧の観勒《かんろく》が来日して、暦本《れきほん》、天文地理の書などを伝えたことが見える。紀に日蝕《にっしょく》など天体観測の記録が登場するのは推古紀以降であり、太子の修学も不自然ではない。

＊法花等の経疏七巻を造る　いわゆる三経義疏の撰述を指す。親撰かどうか長年の議論もあるが、法華経義疏《ほけきょうぎしょ》には七世紀前半頃の写本が法隆寺に伝来し（現在御物）、伝承どおり、太子自筆の草稿本である可能性が極めて高い（東野治之二〇一一b）。奈良時代には三疏ともに自筆本と称するものがあったらしく、天平宝字五年（七六一）の法隆寺東院資財帳《とういんしざいちょう》に、「正本《しょうほん》」として法華経疏四巻、維摩経疏三巻、勝鬘経疏一巻が挙げられており、また多く写本の作られたことが正倉院文書《しょうそういんもんじょ》から判明する。巻数は、三疏合わせて八巻となり、ここに七巻とある理由は不明。

＊上宮御製疏　伝太子自筆本の法華義疏には、奈良時代に付けられた帙があり、それに付属する同時期の牙籤《げせん》の表裏には「法華経疏」「御製」と墨書がある（東京国立博物館一九九九）。

＊太子問う所の義、師の通ぜざる所有らば　太子が義疏を執筆中に、慧慈《えじ》に尋ねて解決しないところを、夢で「金人」に教えられたという伝説。補闕記はこれとほぼ同様であるが、それに先立つ延暦僧録《えんりゃくそうろく》（延暦七年、七八八年）の上宮皇太子菩薩伝では、すでに「夢《む》堂《どう》」に籠って禅定《ぜんじょう》に入る形に発展している。金人の夢告という形は、中国の仏教伝説に珍しくなく、家永研究はそれらの影響と見る。

d　七箇寺建立

太子七寺を起《た》つ。*四《し》天皇寺《てんのうじ》*、法隆寺《ほうりゅうじ》*、中宮寺《ちゅうぐうじ》*、橘寺《たちばなでら》*、蜂丘寺《はちおかでら》*〈彼《そ》の宮を并《あ》わせ川勝《かわかつ》の秦公《はだのきみ》に賜う〉*、池後寺《いけじりでら》*、葛木寺《かずらきでら》*〈葛木臣《かずらきのおみ》に賜う〉*なり。

＊七寺を起つ　太子の寺院建立伝説。七寺ないし八寺を古形とし、後には伝暦《でんりゃく》の十一寺、聖徳太子伝私記の四十六寺にまで発展した。七寺ないし八寺の場合も、寺名が一定せず、太子没後の建立と見られる寺院が含まれるなど、事実とは考えられない（稲垣晋也一九八五）。七寺及び八寺の場合の内訳を掲げると、次のようになる（順序は必ずしも原史料どおりではない）。

法隆寺資財帳	四天王	法隆	中宮	橘	蜂丘	池後	葛城《かずらき》		
上宮太子伝	四天王	法隆	法興	菩提《ぼだい》	蜂岡	法起	妙安	定林《じょうりん》	
延暦僧録	四天王	法隆	皇后《こうごう》	橘			妙安	大官《だいかん》	般若《はんにゃ》
補闕記　元興	四天王	（法隆）	中宮	橘	蜂岳	池後	葛木		
四節文《しせつぶん》（伝暦）	四天王	法隆	法興	菩提		法起	妙安	定林	

このうち法興寺は、上宮太子伝が鵤尼寺《いかるがにじ》と注記するように、中宮寺を指すと見られる。

延暦僧録の皇后寺も中宮寺の意であろう。平城遷都後、法興寺（飛鳥寺）が元興寺と改称し、やがて中宮寺が法号を法興寺とした可能性がある。菩提寺は橘寺の法号、妙安寺は葛城寺の法号である。家永研究は、本書の七寺が法隆寺資財帳と同じであるので、本書の内容を法隆寺系の所伝とするが、本書は四天王寺を筆頭に置く点で異なり、必ずしもそうとは言えない。

＊**四天皇寺**　Ｂａ「四天皇」の注参照。

＊**法隆寺**　太子が斑鳩宮《いかるがのみや》に併設した寺院。薬師光背銘では、父用明天皇が病気平癒を祈って発願《ほつがん》しながら、それを遂げずに没したため、推古天皇とともに丁卯年《ひのとう》（推古十五、六〇七）に建てたと言う。遺跡は現法隆寺西院伽藍《さいいんがらん》の南東にあり、若草伽藍跡《わかくさがらん》と呼ばれてきた。四天王寺式の堂塔配置を持ち、出土瓦の年代からも、七世紀初頭の造営と考えられる。天智九年（六七〇）に火災で焼失、七世紀末から八世紀初めにかけて、寺地を西北に移し、塔を西、金堂を東に置いて回廊で囲む法隆寺式の伽藍配置をとって再建された。金堂には、太子追福《ついふく》の釈迦三尊像や創建の本尊と伝える薬師像が安置され、太子を記念する寺院としての性格が顕著となった。八世紀前半には光明《こうみょう》皇后や道慈《どうじ》、行信《ぎょうしん》らによって、西院伽藍の東方、斑鳩宮の故地に東院（上宮王院）が造営され、太子を観音の化身とする太子信仰の拠点となった（東野治之二〇〇五ｂ）。

＊**中宮寺**　遺跡が法隆寺の東方に残る。太子の母、穴太部間人《あなほべのはしひと》皇后の発願と言い、没後そ

の宮を寺としたと言い、あるいは斑鳩宮、岡本宮《おかもと》、葦垣宮《あしがき》(飽波宮《あくなみ》)の中間に位置したので、この名があるとも言う。法隆寺資財帳に中宮尼寺とあるとおり尼寺。出土瓦から見て七世紀前半の造営とされ、四天王寺式の伽藍配置を持っていた。遅くとも奈良時代後半には、法興寺の寺号を持つようになり、飛鳥寺との混同が起きた。現在の中宮寺は、寺の衰微後、寺地を移して再興されたもの。前出「七寺を起つ」の注も参照。

＊橘寺　現在後身寺院が明日香村に所在。太子の上宮の跡、あるいは勝鬘経講讃《こうさん》の遺跡などと称せられてきた。「橘樹寺《きつじゅじ》」、「菩提寺」とも。実際には出土瓦の年代から、天智朝ごろの創建と見られ、東向きの四天王寺式伽藍配置をとる。法隆寺資財帳に「橘尼寺」とあり、天武九年(六八〇)四月紀に橘寺尼房《にぼう》の火災が見えるように、もと尼寺。天王寺《てんのうじ》秘決《ひけつ》(第一一四項)に五重塔露盤銘《ろばんめい》が引かれ、「徳真《とくしん》、法運《ほううん》之を草創す」とあるのは、古代史料の残存したものか。

＊蜂丘寺　京都太秦《うずまさ》にある広隆寺《こうりゅうじ》の前身。「蜂岡寺」とも。推古十一年(六〇三)十一月紀に、秦川勝《はだのかわかつ》が太子から受けた仏像を祀るため、「因《よ》りて以て蜂岡寺を造る」と見え、広隆寺縁起には、推古十一年に仏像を受けた川勝が、推古天皇の壬午年《みずのえうま》(推古三十年)、太子のために広隆寺を建てたとある。広隆寺縁起に寺地移転のことが記されているため、関連の遺跡として北野廃寺《きたのはいじ》と現広隆寺が挙げられ、北野廃寺が蜂丘寺で、そこから現寺地へ移転統合されたと見る説が有力(渡里恒信二〇〇八)。北野廃寺からは七世紀前半から

後半にかけての瓦が出土している。ただ、推古十一年十一月紀の「因りて以て」云々は、仏像を受けたことが蜂岡寺造営の因となったことを述べるだけで、すぐさま寺が建てられたことを示すわけではない。また補闕記によれば、創建法隆寺が焼失した天智九年（六七〇）には、蜂丘寺の造営工事はなお継続していた。

＊彼の宮を并わせ川勝の秦公に賜う　山背《やましろ》の葛野《かどの》に出向いた太子は、ここを本拠とした秦川勝の邸宅近くに宮を営んだ。その宮とともに寺を賜った、の意。補闕記に見える説話などを前提にした注と考えられ、本書本来のものかどうかは疑問である。解説一四一頁参照。なお補闕記では、「蜂岳寺」に注して「并宮領賜川勝秦公」とあり、通常「宮の領を并わせ川勝秦公に賜う」と解されているが、その前段の記事を参考とすれば、「領」は「預」の誤りで「宮を并わせ川勝秦公に預け賜う」が本来の姿であったかもしれない。

＊池後寺　法隆寺資財帳に池後尼寺とあり、斑鳩の法起寺とされる。日本霊異記《にほんりょういき》（中十七）に「鵤村《いかるがむら》の岡本尼寺」とあり、岡本寺は法起寺の別名であるため法起寺に当てられる。ただ、法起寺は、塔露盤銘などを見ても尼寺であった形跡がなく、法起寺と法輪寺《ほうりんじ》が混同されてきた歴史を考慮すると、池後寺は、同じ斑鳩所在の法輪寺を指すと見るのが妥当であろう（東野治之二〇〇四d）。法輪寺は、山背大兄《やましろのおおえ》皇子と弓削《ゆげ》王が太子の追福のため建てたとも言い、太子の妃、膳三穂娘《かしわでのみほのいらつめ》（実在は疑問）が創建したとも言う。別名三井寺（御井寺）。平安時代の縁起では、檀越《だんおつ》として高橋氏（膳氏の末裔）の名が現れるので、

膳氏ゆかりの寺であろう。発掘調査の結果、七世紀前半の瓦が出土しており、伽藍配置は法隆寺式である。補闕記によると、創建法隆寺が焼失した天智九年(六七〇)には、造営工事はなお継続していたと見られる。

＊葛木寺　法隆寺資財帳に「葛城尼寺」。法号は妙安寺。続日本紀光仁即位前紀の童謡《わざうた》から、明日香村豊浦《とようら》のやや西にあったことがわかり、現在の和田《わだ》廃寺《はいじ》(橿原市)に比定されている。出土瓦の年代からすると、創建は七世紀前半である。塔跡が判明しているのみで、伽藍配置は不明。平城遷都後は、左京五条六坊に新寺が造営されたが、もとの寺も存続した。

＊葛木臣に賜う　葛木臣は、蘇我氏などと同じく武内宿祢《たけのうちのすくね》の後裔《こうえい》を称する氏族で、物部守屋の征討に加わった葛城臣烏那羅《かずらきのおみおなら》が知られ、また伊予《いよ》道後《どうご》温湯碑《おんとうひ》にも太子の近臣として葛城臣が見える。葛木寺も、元来はこの葛木臣が建立した寺院であろう。この注も本来のものとは断定できない。

e　講　経

戊午《つちのえうま》年四月十五日、＊少治田《おわりだ》天皇、上宮王《じょうぐうおう》に請《こ》い勝鬘経《しょうまんぎょう》を講ぜしむ。其の儀、僧の如き也。＊諸王、公主《こうしゅ》、及び臣《おみ》、連《むらじ》、公民、＊信受して嘉《よみ》せざるは無き也。三箇日の内、＊講説訖《おわ》る也。 天皇、聖王に布施《ふせ》し、*播磨国揖保郡佐勢《はりまのくにいいぼぐんさせ》の地*五十万代《しろ》*を賜う。聖王即ち此の地を以て法隆寺の地と為す也。〈今播磨に在る田は三百余町*といえり〉。

＊戊午年四月十五日　戊午年は推古六年(五九八)。勝鬘経講説の年月日については異伝が多く、法隆寺資財帳は本書と同一であるが、紀は推古十四年七月に掛け、補闕記は丁丑年(推古二十五)四月八日に掛ける。伝暦は紀と補闕記の日付を生かし、二度の講説があったとする。また法隆寺資財帳は、勝鬘経だけでなく「法華勝鬘等」とし、紀は同年の内に、法華経の講説が岡本宮で行われたとする。勝鬘経単独とする本書の伝えの古さが感じられる。底本「戊」の字体は「代」に見まがうが、戊申《つちのえさる》年銘の難波《なにわ》宮木簡にも見える異体字。底本、この年月日の右傍に「伝に云わく、太子三十五秋七月の様」と、伝暦を参照した異筆書入れがある。

＊其の儀、僧の如き也　伝暦では、麈尾《しゅび》を握って師子座《ししざ》に登ったと言う。

＊諸王、公主、及び臣、連、公民　講説を聞いた人々を総称したもの。「公主」は天子の娘、皇女を指す。皇女を言うのに公主を用いるのは、法隆寺資財帳に一致する以外は稀。日付やこうした用語の類似からして、本書のこの記事は、法隆寺資財帳と原拠を同じくするのであろう。公主についてはCd「孔部間人公主」の注参照。

＊三箇日の内　講説が三日で終了したことは、紀や補闕記にも見える。

＊聖王に布施し　底本「布施聖王物」に作るが落着かない。「物」は「賜」の誤りと見て改めた(長田権次郎一九一〇)。

＊播磨国揖保郡佐勢の地　法隆寺資財帳では播磨国佐西の地、補闕記では針間国佐勢の田地とある。紀ではこの布施を法華経講説の結果とし、単に播磨国水田とする。佐勢の地は不明であるが、後に法隆寺領播磨国　鵤　荘《いかるがのしょう》となった。鵤荘は同国揖保郡所在。

＊五十万代　この面積は、法隆寺資財帳に同じ。補闕記は「五十万束代」。代は束代《そくしろ》とも言い、町《ちょう》に先立つ地積単位で、元来は稲一束を収穫できる土地を意味したが、後には高麗尺《こまじゃく》の方六尺が一歩《ぶ》、五歩が一代となった。町に直せば一万町。法隆寺資財帳によれば、これが伊河留我《いかるが》本寺《ほんじ》、中宮尼寺、片岡僧寺《かたおかそうじ》の三寺に分けて施入《せにゅう》されたという。紀に言う施入面積は百町。

＊今播磨に在る田は三百余町　法隆寺領としての地積も史料により異同がある。この点で最も信頼度に富む法隆寺資財帳では、「二百十九町一段八十二歩」。開発の進展で地積は増加していったと考えられ、紀の百町を除けば、日本霊異記(上五縁)の二百七十三町五段余、伝暦の三百六十町と増加傾向を示す。家永研究は、この注を手がかりに、本書の成立年代を論じているが、この注は本書成立後の書入れである可能性が残ろう。解説一三一頁参照。

f　薨去と慧慈の死

慧慈《えじ》法師、上宮御製疏《じょうぐうぎょせいしょ》を齎《もた》らして本国に還帰し*之を流伝《るでん》す。壬午《みずのえうま》年*二月廿二日夜半、聖王薨逝《こうせい》する也と聞く。*慧慈法師之を聞き、王命《みこのみこと》の奉為《おおんた》めに経を講じ、発願《ほつがん》して曰わく、「上宮の聖《ひじり》に逢い、必ず化せられむと欲す。吾れ慧慈、来年二月廿二日に死さば、必ず聖王に逢い、面《まのあた》り浄土に奉《つか》えむ」と。遂に其の言の如く、明年二月廿二日に到り、病を発し命終わる也。

＊本国に還帰し　慧慈の高句麗《こうくり》への帰国は、紀によると推古二十三年(六一五)十一月。

＊壬午年　推古三十年(六二二)。紀は太子の没年を推古二十九年としているため、一年繰り上がるが、慧慈をめぐる同様な伝説は、さらに修飾された形で、推古二十九年二月紀にも見える。

＊聖王薨逝する也と聞く　底本「也」の下に「之」があるが、墨抹。

C　太子に関する古史料

a　法隆寺金堂薬師像の光背銘

池辺大宮《いけのへのおおみや》に御宇《あめのしたしろ》*しめしし天皇*、大御身《おおみみ》労《いたず》き賜《たま》いし時、歳《ほし》は丙午《ひのえうま》に次《やど》る年*に、大王天皇《おおきみすめらみこと》*と太子*とを召して、誓願《せいがん》し賜わく、「我が大御病《おおみやまい》、大平《たいら》かならむと欲《おもお》し坐《ま》す*。故に寺と*薬師《やくし》像を作りて仕《つか》え奉《たてまつ》ら将《む》」と詔《の》る。然れども当時崩じ賜いて造るに堪《た》えざれば、少治田《おわりだ》大宮に御宇しめしし大王天皇*及び東宮《とうぐう》聖徳王*、大命《おおみこと》を受け賜わりて、歳は丁卯《ひのとう》に次る年*に仕え奉る。

右は法隆寺金堂に坐す薬師像の光後《こうご》の銘文*、即ち寺を造り始めし縁由《えんゆ》也。

＊御宇　文中に二箇所見えるが、薬師光背銘の原文ではいずれも「治天下」。底本では後人が「御宇」に抹消符を付け、「治天下」を追記している。「治天下」を「御宇」と書写したのは、Cの成立が「御宇」使用の一般化した後であったことを示す。薬師光背銘については、後出「法隆寺金堂に坐す薬師像の光後の銘文」の注参照。この銘の原文は一

一一頁に掲げた。

＊池辺大宮に御宇しめしし天皇　用明天皇。Ａａ「伊波礼池辺双欟宮」の注参照。

＊歳は丙午に次る年　用明元年(五八六)。紀では用明二年四月に天皇が病を得たと記す。

＊大王天皇　ここでは推古天皇を指す。和語オオキミスメラミコトを表記したもの。この銘文は宣命《せんみょう》に似た和文体で書かれ、付属語もまま挿入されている(東野治之一九九七)。続日本紀宣命(第五詔、第九詔ほか)には「我皇天皇」(ワガオオキミスメラミコト)のような例がある。かつて君主号が大王から天皇に変る過程で現れた折衷的な称号とされたこともあるが、当たらない。

＊太子　下文には東宮と見える。いずれも意味にほぼ変りはないが、本居宣長《もとおりのりなが》は、人の称謂としてはミコノミコト、地位としてはヒツギノミコと読み分けており(古事記伝三十九之巻、第十七丁)、この解釈に従う。

＊我が大御病、大平かならむと欲し坐す　原銘文では「大平」は「太平」に作る。用明天皇自身の言葉であるにも拘らず、「大御病」「坐す」など敬語表現が見られる。こうした自敬《じけい》表現は、宣命の場合、宣布者が付けたものとの理解も示されているが、この銘文では宣布者は存在せず、その解釈は当たらない。

＊寺と　底本は「寺」一字に作るが、原銘文では「造寺」(寺を造り)。後人が「寺」を墨抹し「造」と訂正、さらに「寺」を追記している。

＊**少治田大宮に御宇しめしし大王天皇**　これも推古天皇を指す。Ａｆ「少治田宮」の注参照。原銘文では「少」は「小」に作る。

＊**聖徳王**　原銘文では「聖王」に作る。底本では後人が「徳」に抹消符を付けて訂正している。

＊**歳は丁卯に次る年**　推古十五年（六〇七）。

＊**法隆寺金堂に坐す薬師像の光後の銘文**　金堂の東の間に安置される像の銘文。底本では行の末に「今私云、東壇佛之」（今私に云わく、東壇の仏之なり）という後人の書入れがある。銘文は宝珠形《ほうじゅけい》光背の裏に刻まれており、刻字の筆画の端々に、タガネによって生じためくれが認められる。太子没後と見られる称号「聖王」（Ａｃの注参照）が使用されていること、像の製作技法が釈迦三尊像より進歩した様相を示すことなどから、銘文を含む像全体を、法隆寺の再建された七世紀末の制作と見る見解が定説化している（西川杏太郎二〇〇〇）。通常の造像銘と比べ、関係者（この場合は用明天皇）の発言を引用するのも異例で、これが一種の縁起文であることを示している。

b　法隆寺金堂釈迦三尊像の光背銘

法興元世《ほうこうげんせい》一年＊、歳《ほし》は辛巳《かのとみ》に次《やど》る十二月、鬼前大后＊崩ず。明年正月廿二日、上宮法王＊、病に枕《まくら》し悆《こころよ》から弗《ず》。干食《かしわで》王后＊、仍《よ》りて以て労疾、並びて床に著《つ》く＊。時に王后王子等＊、及び諸臣と＊、深く愁毒《しゅうどく》を懐《いだ》き、共に相発願《あいほつがん》すらく、「仰ぎて三宝に依り、当《まさ》に釈像《しゃくぞう》の尺寸王身《しゃくすんおうしん》＊なるを造るべし。此の願力《がんりき》を蒙《こうむ》り、病を転じて寿を延べ、世間に安住せむ、若《も》し是れ定業《じょうごう》にして、以て世に背かば、往きて浄土に登り＊、早く＊妙果に昇らむことを」と。二月廿一日癸酉《みずのととり》、王后即世《そくせい》、翌日法王登遐《とうか》す。癸未《みずのとひつじ》＊年三月中、願の如く敬《つつし》みて釈迦尊像并《あわ》せて俠侍《きょうじ》、及び荘厳具《しょうごんぐ》を造り竟んぬ。斯《こ》の微福《びふく》に乗じ、道を信ずる知識＊、現在安隠《あんのん》に、生《しょう》を出でて死に入らば＊、三主《さんしゅ》＊に随奉《ずいほう》し、三宝を紹隆《しょうりゅう》し、遂に彼岸《ひがん》＊を共にせむ。六道《ろくどう》＊に普遍《ふへん》せる、法界《ほっかい》＊の含識《がんしき》、苦縁《くえん》を脱するを得、同じく菩提《ぼだい》に趣かむことを。司馬　鞍　首　止利《しばのくらつくりのおびととり》仏師＊をして造らしむ。

右は法隆寺金堂に坐す釈迦仏の光後《こうご》の銘文＊、件の如し。

＊法興元世一年　原銘文では「法興元丗一年」。法興は崇峻四年（五九一）を元年とする年号で、伊予道後温湯碑にも「法興六年」「歳在丙辰」とある（東野治之二〇一一c）。「法興元丗一年」は法興の元号の三十一年という意。西暦六二一年に当たる。「元」はなくてもよいが、この銘文はほぼ厳密な四六文《しろくぶん》の形式をとって作られているので、一句の字数

を六字に整えるため、挿入されているのであろう。釈迦三尊光背銘については、後出「法隆寺金堂に坐す釈迦仏の光後の銘文」の注参照。この銘の原文は一一一頁に掲げた。

＊鬼前大后　太子の母、穴太部間人皇后。原銘文では「大后」は「太后」。「大」と「太」は通用した。大后はＡａに前出。「鬼前」についてはＣｃの注参照。

＊法王　後出の例も含め、原銘文では「法皇」。法王についてはＡａの注参照。

＊干食王后　膳《かしわでの》菩岐《ほき》々《き》美郎女《みのいらつめ》。この妃についてはＡｃに前出。「干食」の解釈をめぐって諸説があったが、奈良県飛鳥池遺跡出土の木簡に、仕丁《しちょう》に付き従う厮(カシワデ)を「干食」と表記する例が見出されるので、「干食」が「膳」であることは確実である(東野治之二〇〇四ｂ)。

＊並びて床に著く　「床」は腰掛や寝台に用いる調度。正倉院宝物に、聖武・光明夫妻の寝台であった床が残る(北倉四九号)。

＊王后王子等　以下この銘文の「王后」は、干食王后。「王子等」はその所生の子女たち。この銘文では「王」は全て聖徳太子を表す。「后」は単にキサキの一表記として使われている。

＊諸臣と　原銘文では「與諸臣」。「と」は底本「与」とあり、抹消符を付けて右傍に「與」と異筆追記。底本「諸」の大部分を欠失し「国」を補い、その上にさらに「与」を補入する。

＊尺寸王身　寸法が太子と等身の、という意味。

＊浄土に登り　「浄土」について、阿弥陀浄土、兜率天《とそつてん》、霊山《りょうぜん》浄土ほかの説があるが、これと対句をなす「妙果に昇」る(悟りを得て仏となること)や、後出の「彼岸」という表現からすれば、天上の兜率天や地上の霊山浄土ではなく、この世から切り離された阿弥陀浄土の可能性が最も高い。天平宝字三年(七五九)の法華寺金版銘には、毘盧遮那《びるしゃな》仏の浄土への往生を「登彼華厳」(彼の華厳に登り)と表現している。兜率天についてはCeの注(六五頁)参照。

＊早　底本「早」を見せ消ちにし右傍に「早」と追記、さらに重ね書きで「早」と改める。

＊癸未年　推古三十一年(六二三)。

＊知識　信仰によって結ばれた集団。

＊生を出でて死に入らば　Ccでは「所生に往反するの辞」とあり、生死《しょうじ》(輪廻《りんね》)を重ね、何度生まれ変わっても、の意。

＊三主　穴太部間人皇后、聖徳太子、膳妃の三人を指す。

＊彼岸　輪廻を超えた悟りの世界。

＊六道　全ての生き物が輪廻を繰り返す六つの世界。天、人間、阿修羅《あしゅら》、畜生《ちくしょう》、餓鬼《がき》、地獄。

＊法界　ここでは全世界の意。

＊**司馬鞍首止利仏師**　推古十四年(六〇六)四月紀では「鞍作鳥」に作る。鞍作鳥は、渡来人司馬《しば》達等《たつと》の孫で、多須奈《たすな》の子。おばの嶋女《しまめ》は、最初の出家者善信尼《ぜんしんに》として知られる。鞍作を職とする技術者であるが、祖父も父も仏教信者として伝承を残しており、その技術を仏像制作に生かしたのであろう。推古十四年四月、法興寺の丈六仏《じょうろくぶつ》(いわゆる飛鳥大仏)を作って金堂に納めた功により、天皇から大仁の位と近江国坂田郡の水田二十町を賜り、鳥はこの水田をもって天皇のために飛鳥の坂田寺《さかたでら》を建てたと言う。

＊**法隆寺金堂に坐す釈迦仏の光後の銘文**　金堂の中の間に安置される像の銘文。底本にはこの行の末に「今私云、是正面中臺佛之」(今私に云わく、是れ正面中台の仏之なり)という後人の書入れがある。銘文は本尊と両脇侍《わきじ》の背後にある舟形光背《ふながたこうはい》裏面に刻まれている。文章は一行十四字、全十四行になるよう作られ、四字と六字を基本単位とする構文とともに、中国南北朝時代の墓誌を思わせる。書風も六朝風の典雅な特徴を備える。この銘文は、光背の裏面中央に、正方形の文字部分より一回り広く平坦な面を作って刻まれ、その平坦面には当初の鍍金《ときん》が散っている。この銘文を刻むため、光背制作の当初から用意がなされていたことは疑いなく、追刻の可能性はない(東野治之二〇〇四b)。

c　法隆寺金堂釈迦三尊像光背銘の注

釈に曰わく、*「法興元世一年」、此れ能《よ》く知らざる也。*但し帝記《ていき》を案ずるに云《い》わく、*「少治田《おわりだ》天皇の世、東宮厩戸豊聡耳命《とうぐうまやとのとよとみみのみこと》、大臣《おおおみ》宗我馬子宿祢《そがのうまこのすくね》、共に平章《へいしょう》*して三宝を建立し、始めて大寺*を興す」と。故に法興元世と曰う也。此れ即ち銘に云う法興元世一年也。後《のち》の見む人、若しくは年号かと疑う可《べ》し。此れ然《しか》らざる也。然れば則ち一年と言う字、其の意、見難《がた》し。然るに見る所は、聖王の母、穴太部王《あなほべのみこ》の薨逝《こうせい》せし辛巳年《かのとみのとし》は、即ち少治田天皇の御世《みよ》故、即ち其の年を指し、故に一年と云う。其れ異なる趣き无《な》し。「鬼前大后」は、即ち聖王の母、穴太部間人王《あなほべのはしひとのみこ》也。鬼前と云うは此れ神也。*何故に神前《かむさき》皇后と言うとならば、此の皇后の同母弟、*長谷部《はつせべ》天皇、石寸神前宮《いわれのかむさき》に天の下治しめしき。若し疑うらくは、其の姉、穴太部王、即ち其の宮に坐《ま》す故に、神前皇后と称する也。「明年」と言うは、即ち壬午年《みずのえうまのとし》也。*「二月廿一日癸酉、王后即世」とは、此れ即ち聖王の妻、膳大刀自《かしわでのおおとじ》*也。二月廿一日は、壬午年二月也。「翌日法王登遐」とは、即ち上宮聖王也。即世・登遐は、是れ即ち死の異名也。故に今此の銘文に依り、応《まさ》に壬午年正月廿二日、聖王病に枕する也、即ち同時に膳大刀自ら労を得る也、大刀自は二月廿一日に卒《しゅっ》する也、*聖王は廿二日に薨ずる也と言うべし。是《ここ》を以て明らかに知る、膳夫人《かしわでのおおとじ》は先の日に卒する也、*聖王は後の日に薨ずる也と。則ち歌に証して曰わく、*

「伊我留我乃《いかるがの》*　止美能井乃美豆《とみのいのみず》　伊加奈久尓《いかなくに》　多義弖麻之母乃《たげてましもの》　止美乃井能美豆《とみのいのみず》」と。是の歌は、膳夫人病に臥して将《まさ》に没するに臨まむとする時、水を乞《こ》う。然るに聖王許さず、遂に夫人卒する也。即ち聖王、誄《しのびごと》*して是の歌を詠む。即ち其の証也。但し銘文の意は、夫人の卒する日を顕《あきら》かにする也。聖王の薨ずる年月を注《しる》さざる也。然れども諸記文*、分明に壬午年*二月廿二日甲戌《きのえいぬ》*夜半、上宮聖王薨逝する也と云う。「生を生でて死に入らば」とは、若しくは其の所生《しょしょう》*に往反《おうへん》するの辞也。「三主」とは、若し疑うらくは、神前大后、上宮聖王、膳夫人、合せて此の三所也。

＊釈に曰わく　Cを付加した人物による注記。後段の繍帳銘の釈についても同様。

＊「法興元世一年」、此れ能く知らざる也　以下の行文はやや晦渋《かいじゅう》であるが、結論的には「法興元世」を「三宝興隆の行われた推古天皇の御世」、「一年」を、その「ひととせ（ある年）」と解している。法興が年号と言う認識は、少なくともCの筆者にはなかったことがわかる。法興年号は七世紀後半以降、史料に見えないので、存在が早くに忘れられた可能性がある。

＊帝記を案ずるに云わく　以下の内容はBaと近似しているので、その取意文と解する説があり、これを認めれば、本書の原名は「上宮聖徳法王帝記」であった可能性が生じる。

Ａａ「帝説」の注参照。

＊**平章**　律令期の法制史料や文書に現れ、協議することを表す語。詳細は解説一三五頁参照。

＊**大寺**　法興寺を指す場合があり、皇極元年(六四二)七月紀や大化元年(六四五)八月紀の「大寺」はこの例である。Ｂａでは「元興」寺(大寺、法興寺)の次に四天王寺も挙げるので、あるいはここは、それらの総称として用いたか。

＊**鬼前と云うは此れ神也**　「神」の下、あるいは「前」脱か。鬼前をカムサキと読み、穴太部間人皇后は、同母弟崇峻天皇の石寸神前宮に居たので鬼前大后と言うとの解釈。証注が詳しく述べたように、石寸の「寸」は古代にしばしば用いられた「村」の省画文字で、石寸はイワレ。Ｅａにも「山田寸」の例がある。ただ、石寸神前宮は史料に全く見えず、ここの解釈は疑わしい。「干食王后」と同様、文字に即さない特殊な表記の可能性が高いであろう。鬼は死者の霊魂であるから、あるいはその前に奉仕する泥部(ハシヒト、土師)を、鬼前で表記したか。

＊**同母弟**　底本「弟」を「第」に作る。両字は通用した。

＊**壬午年也**　推古三十年(六二二)。底本「午」を脱し、後人が右傍に追記。

＊**膳大刀自**　膳菩岐々美郎女。下文にもこの表記で見えるが、また「膳夫人」ともある。「夫人」は和語オオトジに漢語を当てたものである。解説一三四頁参照。

＊卒する也　律令制下では、「卒」は四位と五位の位階を持つ人物と皇親が死去したときに用いる(喪葬令《そうそうりょう》)。それに対して下文の「薨」は、親王と三位以上の死が対象である。ここでは聖王と妃で、死去を表す用語が書き分けられている。解説一三四頁参照。

＊是を以て明らかに知る、膳夫人は先の日に卒する也　証注によれば、ここで太子と膳妃の没日が異なることを強調するのは、前段に太子が病没したことを明記することと並んで、太子が病なくして没したとする補闕記の記事や、太子と膳妃が同日に没したとする伝暦の伝えを否定する意味があったと言う。さらに家永研究は、これを踏まえて、Cの成立が伝暦の成立以後であったとする。しかし仮りにそのような意図があったとしても、すでに言われているとおり、補闕記《ほけつき》や伝暦以前に同様な伝えが存在して不思議ではなく、これをもって本書成立の上限を論ずるのは無理であろう。現に宝亀二年(七七一)成立の天王寺障子伝(上宮太子拾遺記五所引)には、「明旦太子並妃、良久不起」(明旦、太子並びに妃、良《やや》久しく起きず)云々と、既に同日逝去のことが見えている。

＊歌に証して曰わく　以下に太子が妃に与えた歌を証拠として載せている。歌の意は「生き延びることができないのに、止美《とみ》(富)の井の水を飲ませてやればよかった」となる。同様な話は、前注でふれた天王寺障子伝にも見えるが、「娑婆水、是有漏也」とするなど、本書より説話化が進んでいる。底本「止美」の「止」はト乙類、後代の地名「富」のトはト甲類で、仮名違いが指摘されるが(沖森卓也二〇〇五)、古代には「登美」の表記

もあり、登はト乙類。

＊伊我留我乃　「斑鳩《いかるが》の　止美《とみ》の井の水　生かなくに　たげてましもの　止美の井の水」。歌意については前注参照。

＊誄して　底本「誅」は誤りと見て改めた。

＊諸記文　具体的に何を指すかは明らかでないが、現存史料で太子の没日と時刻を言うのは、後段に引く繡帳銘と本書Ｂｆである。

＊壬午年　底本一旦「壬年午」と書き挿入符を付して訂正。

＊甲戌　底本「甲成」に作る。「成」と「戌」が通用した例は珍しくないが、和銅三年（七一〇）の伊福吉部徳足比売《いふきべのとこたりひめ》墓誌に見える「康成」（庚戌）はその一例。

＊所生　生じたところ。Ｃｂ「生を出でて死に入らば」の注参照。

ｄ　天寿国繡帳銘

斯帰斯麻《しきしま》宮に天の下治《しろ》しめしし天皇、名は阿米久尓意斯波留支比里尓波乃弥己等《あめくにおしはるきひろにわのみこと》＊、巷奇大臣《そがのおおおみ》、名は伊奈米足尼《いなめのすくね》＊の女《むすめ》、名は吉多斯比弥乃弥己等《きたしひめのみこと》＊を娶《めと》り大后《おおきさき》と為《な》し、名は多至波奈等已比乃弥己等《たちばなとよひのみこと》＊、妹名は等已弥居加斯支移比弥乃弥己等《とよみけかしきやひめのみこと》＊を生む。復《ま》た大后の弟＊、名は乎阿尼乃弥己等《おあねのみこと》*を娶りて后と為し、名は孔部間人公主《あなほべのはしひとこうしゅ》*を生む。斯帰斯麻天皇*の子、名は蕤奈久羅乃布等多麻斯支乃弥己等《ぬなくらのふとたましきのみこと》*、庶妹《しょまい》、名は等已弥居加斯支移比弥乃弥己等《とよみけかしきやひめのみこと》*を娶りて大后と為し、乎沙多《おさだ》宮*に坐《ま》して天の下治しめしき。名は尾治王《おわりのみこ》*を生む。多至波奈等已比乃弥己等、庶妹、名は孔部間人公主を娶りて大后と為し、瀆辺宮《いけのへ》*に坐して天の下治しめしき。名は等已刀弥々乃弥己等《とよとみみのみこと》を生む。尾治大王*の女、名は多至波奈大《たちばなのおお》女郎《いらつめ》*を娶りて后と為す。歳《ほし》は辛巳《かのとみ》に在る*十二月廿一日癸 酉《みずのととり》*日入《にちにゅう》*、孔部間人母王崩ず。明年二月廿二日甲戌《きのえいぬ》*夜半、太子崩ず*。時に多至波奈大女郎、悲哀嘆息し、白畏天之*、「恐《かしこ》しと雖《いえど》も、懐《おも》う心止使《とど》め難し。我が大王《おおきみ》と母王《ははみこ》と*、期するが如く従遊《しょうゆう》す。痛酷比《たぐ》い无《な》し。我が大王の告《の》る所、世間は虚仮《こけ》、唯仏のみ是れ真《まこと》なり*、と。其の法を玩味《がんみ》するに、謂《おも》えらく、我が大王は応《まさ》に天寿国《てんじゅこく》*の中に生まるべし、と。而《しか》るに彼《そ》の国の形、眼に看《み》叵《がた》き所なり。悕《ねがわ》くは図像に因《よ》り、大王往生の状《さま》*を観むと欲す」と。天皇之を聞き、悽状一*告りて曰わく、「一《ひとり》の我が子*有り、啓する所誠に以て然りと為《な》す」と。諸 采女《もろもろのうねめ》*等に勅し、繡帷《しゅうい》二張*を造らしむ。画《えが》く者は*東 漢末賢《やまとのあやのまけん》、高麗加西溢《こまのかせい》、又漢奴加己利《あやのぬかこり》、令《うなが》す者*は椋部《くらべの》*秦久麻《はだのくま》なり。

右は法隆寺の蔵に在る繡帳《しゅうちょう》二張*、亀の背の上に縫い著《つ》くる文字*という也。

＊斯帰斯麻宮に天の下治しめしし天皇、名は阿米久尓意斯波留支比里尓波乃弥己等　前出Ａｆ、欽明天皇を指す。以下に引かれる天寿国繡帳銘の原文は一一三頁に掲げた。天寿国繡帳銘の伝本には、後述のように、大別して本書引用のものと、繡帳勘点文《かんてんもん》など、鎌倉時代の繡帳発見時に読まれた結果を示すものの二系統がある（飯田瑞穂二〇〇〇ａ）。繡帳銘前半の系譜については、太子と橘妃が、ともに欽明天皇と蘇我稲目に繋がることを示す意味があるとする解釈がある（義江明子二〇〇〇）。

＊巷奇大臣、名は伊奈米足尼　蘇我稲目を指す。Ａｂの注参照。蘇我を「巷奇」と表記するのは、中国の上古音に基づき、元興寺縁起所引の丈六光銘にも同じ表記がある。また元興寺縁起には「巷宜」の表記が見える。

＊吉多斯比弥乃弥己等　Ａｆ「支多斯比売命」の注参照。

＊多至波奈等已比乃弥己等　前出Ａａ、用明天皇。「至」（チ）「已」（ヨ）は中国の上古音に基づく表記。

＊等已弥居加斯支移比弥乃弥己等　前出Ａｆ、推古天皇。「居」（ケ）「移」（ヤ）も中国の上古音に基づく表記。ヒメを「比弥」と表記し、「弥」がミとメの両音に使われているのは、ミ甲類音とメ甲類音が弁別されなかったためとされるが（沖森卓也二〇〇五）、特定の語に限って現れており、なお検討を要する。推古天皇の和風諡号が使われているので、銘文が古い事実や表記を反映しているとしても、繡帳自体の制作は推古天皇没後に降る

（東野治之二〇〇四c）。

＊大后の弟　底本「弟」を、通じて「第」に作る。

＊乎阿尼乃弥己等　Ａｆ「乎阿尼命」の注参照。

＊孔部間人公主　穴太部間人皇后の異表記。公主はＢｅに前出。使用例は珍しく、Ｂｅや繍帳銘の他は、元興寺縁起所引の丈六光銘に推古天皇を指した例があるのみである。ただ韓国扶余陵山里寺跡出土の舎利龕銘（百済昌王十三年、丁亥、五六七年）に「妹兄公主」が見え、朝鮮半島経由で影響が及んだことも想定される。

＊斯帰斯麻天皇　前出Ａｆ、欽明天皇。

＊蕤奈久羅乃布等多麻斯支乃弥己等　前出Ａｆ、敏達天皇。

＊等已弥居加斯支移比弥乃弥己等　底本は末尾の「弥己等」を「弥乃己等」に作り、「乃」を見せ消ちとする。

＊乎沙多宮　前出Ａｆ「他田宮」。

＊尾治王　Ａｃに前出。

＊瀆辺宮　前出Ａａ「伊波礼池辺双欟宮」。「瀆」は「池」に通じ、「池尻寺」を「瀆尻寺」と書いた例もある（飛鳥池遺跡木簡）。

＊尾治大王　尾治王に同じ。

＊多至波奈大女郎　前出Ａｃ「位奈部橘王」。

＊歳は辛巳に在る　推古二十九年(六二一)。

＊廿一日癸酉　繡帳勘点文などによると「日」がないのが正しい。当時行われた元嘉暦法《げんかれきほう》で計算すると、十二月二十一日は甲戌に当たり、癸酉にはならない(東野治之一九七七、金沢英之二〇〇一)。

＊日入　日没。時刻としては酉の刻に相当。斉明五年(六五九)七月紀に引く伊吉連博徳《いきのむらじはかとこ》書《しょ》に「十五日日入之時」と見える。

＊甲戌　底本「戌」を「成」に作る。Ｃｃに前出。

＊太子崩ず　律令制下では「崩」は天皇、皇后(先の天皇、皇后を含む)に限られた用字。七世紀代には地位の高い人物の死にも、自由に用いられたことを示す。法隆寺献納宝物辛亥《しんがい》年(六五一)観音像の造像銘は、亡くなった親族に「崩」を使用した例である(東京国立博物館一九九九)。

＊白畏天之　繡帳勘点文などによれば「白畏天皇前曰啓之」(畏き天皇の前に白《もう》して曰わく、之を啓すは)とあるのが正しい。「天」の下に「皇前曰啓」の四字を脱したもの。

＊我が大王と母王と　繡帳勘点文などは「大王」を「大皇」に作る。

＊世間は虚仮、唯仏のみ是れ真なり　全ての現象は仮のもので、ただ仏だけが真実である、の意。経典に直接典拠を持つ句ではなく、太子の仏教理解を示した言葉として有名なもの。涅槃経 憍陳如品《きょうじんにょほん》下に「一切諸法皆是虚仮」(一切諸法は皆是れ虚仮《こけ》)、同経 聖行品《しょうぎょうぼん》

に「如来者即是真実、真実者即是仏性」(如来は即ち是れ真実、真実は即ち是れ仏性)などの句があることが、家永研究に指摘されている。

＊天寿国　Ｃｅ「天寿国繡帳銘の注」参照。

＊大王往生の状　繡帳勘点文などは「往生」を「住生」に作る。

＊悽状一　繡帳勘点文などによれば「悽然」の誤写。

＊一の我が子　子は祖(オヤ)に対する概念で、オヤが祖先を意味することもあるように、子孫も包括すると考えられる。多至波奈大女郎(橘妃)は、推古天皇からすれば孫。この段にかけて繡帳の制作事情が細叙されるが、長文でありながら、橘妃や推古天皇による追福《ついふく》や往生の願いが見えないのは、造像銘とすれば特異である。文中に橘妃や推古天皇の発言が引用される点は薬師像の光背銘と類似し、これも一種の縁起文と見るべきであろう。

＊采女　後宮に仕える女官。律令制下では郡司の姉妹、娘で容貌の優れたものが貢進され、天皇に近侍したが(後宮職員令《こうきゅうしきいんりょう》)、これは律令制前に地方豪族が行なっていた制度を継承、整備したものである。畿内の諸氏から貢される氏女《うじめ》(後宮職員令)は、後宮の縫司《ぬいのつかさ》に配せられて縫製のことに当たったが、氏女の制度が始まるのは天武二年(六七三)であり、これが十全に機能する以前は、采女が天皇関係の縫製に従事していた可能性も考えられる。

＊繡帷二張　現在中宮寺その他に伝わるのは断片であるが、鎌倉時代にこの繡帳の複製が作られ、柱間三間に掛け渡されるほどの大きさであったと言い（聖徳太子伝記）、その大きさが想像される。用途は不明であるが、両面刺繡ではないので、裏から見ることは想定されておらず、少なくとも寝台用の垂れ幕という解釈（大橋一章一九九五）は首肯できない。

＊画く者　下図の制作者。「東漢」は倭漢に同じ。「高麗」、「漢」も含め、いずれも渡来系工人である。

＊令す者　令は、奈良時代の現業官司で指揮監督に当たった領に同じ。

＊椋部　朝廷の蔵の管理出納に当たる職。古語拾遺《こごしゅうい》には、雄略朝に、渡来系の秦と漢《あや》の二氏を、内蔵と大蔵の主鑰《しゅやく》に任じたことを記し、「蔵部」の起源とする。秦久麻はその職にあった人物であろう。「椋」は蔵、倉と同義であるが、古代朝鮮で行われた表記（稲葉岩吉一九三六）。律令制下の中務省内蔵寮《くらりょう》や大蔵省も、各種工芸材料を管理し、調度工芸服飾品の制作に当たった。

＊法隆寺の蔵に在る繡帳二張　この繡帳は長らく存在が知られずに来たが、鎌倉時代になって、尼僧信如《しんにょ》が法隆寺の綱封蔵《こうふうぞう》から発見、中宮寺に安置された。底本行末に「更々不知者之」の書入れがあり、これは、法隆寺の蔵に在るとは言っても、全く知るところがない、の意と判断され、底本書写に近い段階での認識を示す。遡ってこの繡帳がいつか

ら法隆寺にあったかは不明であるが、法隆寺資財帳に浄御《きよみ》原《はら》御宇天皇（天武天皇）の納賜したと見える繡帳二張のあることが注意される。この繡帳は帯や鈴が付属していて、信如尼による再発見の契機が、繡帳の鈴の音にあったこと（聖誉抄《しょうよしょう》）と符合することから、かねて同一視する見解がある一方、暗合とする説もある。ただ、前記のように、制作年代が実際には推古没後に降ることを考慮すれば、太子崇拝の昂揚に応じてすでに制作されていた繡帳か、新たに作られた繡帳が、天武天皇によって再建期の法隆寺に施入されることは考えられる。なお「納賜」の語は、資財帳では既存、新作を区別せずに使用されており、いずれとも限定できない。また銘文があっても資財帳が必ずしもふれないことは、釈迦三尊像や薬師像の例からもわかる。

＊亀の背の上に縫い著くる文字　底本「縫著」は従来「縫着」と読まれている。「著」と「着」は古写本などではほとんど同形であるが、下部が「日」か「目」かで識別できる。現存の繡帳断片からも、亀の背に四文字ずつ分ける形で銘文の配置されていたことが確認できる。銘文の全文四〇〇字は、原物の断片の他、本書の引用文と、鎌倉時代の文永十一年（一二七四）繡帳発見時に読まれた結果を記す繡帳勘点文などから復原されている（飯田瑞穂二〇〇〇a、付載参照）。繡帳断片を見ると、亀は図様の間に散在していたことがわかるが、その配置状況については明らかでない。亀の首に上向きのもの、左向きのもの、右向きのものの三種があるので、配置には何らかの原則があったのであろう（東

野治之二〇〇四c）。なお、この行の末に、底本「更々不知者之」の異筆書入れがある。その意味に関しては前注参照。

e　天寿国繡帳銘の注

巷奇《そが》〈蘇我也〉　弥字〈或は当《まさ》に売《め》の音なるべき也〉　已字〈或は当に余《よ》の音なるべき也〉至字〈或は当に知《ち》の音なるべき也〉　「白畏天之」とは〈天は即ち少治田《おわりだ》天皇也〉*　「太子崩ず」とは〈即ち聖王也〉　「従遊」とは〈死也〉　「天寿国」とは〈猶《なお》、天と云うがごとき耳《のみ》〉*　「天皇之を聞き」とは〈又少治田天皇也〉　「令」とは〈猶、監のごとき也〉

＊天は即ち少治田天皇也　「皇前曰啓」の脱落を前提にした注釈である。Cd「白畏天之」の注参照。

＊猶、天と云うがごとき耳　この「天」は、当然仏教の世界観で言う天。天は六道（Cb前出）の一つで、欲界、色界《しきかい》、無《む》色界《しきかい》の三界から成る。欲界の内の兜率天《とそつてん》は弥勒《みろく》菩薩の居所であり、ここに生まれたものは、天寿四千歳を得るとされる。太子が往生した天寿国については、阿弥陀浄土、兜率天、妙喜《みょうき》浄土など諸説があって定論を見ないが（大橋

一章一九九五)、阿弥陀浄土ではありえない男女の往生者が見られることからしても、兜率天を指すと見るべきである(稲木吉一一九九九)。伊予道後温湯碑に出る「寿国」は、天寿国と同義か否か明らかでない。なお、天寿国を兜率天とした場合、釈迦三尊銘Ｃｂの「浄土」との関係が問題となるが、双方が一致するという保証はない。そもそもこの二つの造像は、相互に関連なく、場合によっては対抗意識の下、独立して企画実行されたと考えるのが妥当である。太子周辺の人々が、太子の浄土観念に関して異なる意識を持っており、釈迦三尊発願者の周辺では法華経薬王菩薩本事品《やくおうぼさつほんじぼん》による阿弥陀浄土往生が願われ、繍帳制作者周辺では兜率天が、太子の往生先と信じられたのであろう。

f　巨勢三杖の歌

上宮《じょうぐう》の時、* 巨勢三杖大夫《こせのみつえのたいふ》の歌*

伊加留我乃《いかるがの》*　止美能乎何波乃《とみのおがわの》　多叡婆許曽《たえばこそ》　和何於保支美乃《わがおおきみの》　弥奈和須良叡米《みなわすらえめ》

美加弥乎須《みかみおす》*　多婆佐美夜麻乃《たばさみやまの》　阿遅加気尓《あじかげに》　比止乃麻乎之志《ひとのまおしし》　和何於保支美波母《わがおおきみはも》

伊加留我乃《いかるがの》*　己能加支夜麻乃《このかきやまの》　佐可留木乃《さがるきの》　蘇良奈留許等乎《そらなることを》　支美尓麻乎佐奈《きみにまおさな》

＊上宮の時　このままなら「太子の時代の」。歌意から見て太子没後の追悼歌と考えられ

るので、「上宮」の下に「薨」などを脱したとする説もある（証注ほか）。

＊巨勢三杖大夫の歌　底本「巨勢」を「臣勢」に作る。巨臣両字の異体字が類似するためであろう。巨勢氏は、蘇我氏、紀氏などと並び、武内宿祢《たけのうちのすくね》の後裔《こうえい》を名乗る豪族で、奈良県御所《ごせ》市周辺を本拠とする。巨勢三杖は太子に近侍した人物であろうが未詳。以下三種の歌は、上代特殊仮名遣いの観点から見て、おおむねそれが守られているが、一部に違例があるとされ、筆録は奈良時代中期以降、末期までと言われる（沖森卓也二〇〇五）。

＊伊加留我乃　「斑鳩の　止美《とみ》の小川の　絶えばこそ　我が大君の　御名《みな》忘らえめ」（斑鳩の富の小川が絶えたなら、我が大君の名を忘れることもあろうが）。上宮太子伝（いわゆる七代記《しちだいき》）には、片岡の飢人《きじん》が詠んだ歌として、この歌を載せている。

＊美加弥乎須　「みかみおす　たばさみ山の　あじ蔭《かげ》に　人の申しし　我が大君はも」（たばさみ山のアジの木蔭におられると、人が申した我が大君よ）。「みかみおす」は枕詞であろうが、定まった解釈はない。アジの実体も不明。

＊伊加留我乃　「斑鳩の　この垣山の　下がる木の　空なることを　君に申さな」（斑鳩のこの垣山の、垂れ下がった木のように、自分が空虚であることを、大君に申し上げたい）。この歌の意味は定まっていないが、いまは沖森卓也・佐藤信・矢嶋泉二〇〇五による。底本「麻乎佐奈」の「乎」は、はじめ「尓」と書き、上から重ねて「乎」に訂正する。

D　太子の事績と関係情報の追補

a　物部守屋征討と四天王寺の建立

丁未年《ひのとひつじ》六七月、*蘇我馬子宿祢大臣《そがのうまこのすくねのおおおみ》、物部守屋大連《もののべのもりやのおおむらじ》*を伐《う》つ。時に大臣《おおおみ》の軍士、剋《か》たずして退く。故に則ち上宮王、四王《しおう》の像*を挙げて、軍士《ぐんし》の前に建て、誓いて云《い》わく、「若し此の大連を亡ぼすを得ば、四王の奉為《おおんた》めに、寺を造り尊重供養せむ」という。即ち軍士勝つを得て、大連を取り訖《おわ》んぬ。*此れに依りて即ち難波《なにわ》の四天王寺《してんのうじ》を造る也。聖王、生れて十四年也。*

＊丁未年六七月　崇峻即位前紀に、用明二年(五八七)七月に掛けて、物部守屋討伐のことを叙している。蘇我馬子や太子のほか、泊瀬部皇子《はつせべ》(後の崇峻《すしゅん》天皇)、竹田皇子などの皇族、巨勢《こせ》、葛城《かずらき》、紀、大伴《おおとも》など諸豪族が討伐軍に加わったとする。補闕記《ほけつき》も同年月条に、独自の記述を交えて守屋征討のことを記すが、守屋以外の登場人物は、宗我大臣《そがのおおおみ》、太子、平群神手《へぐりのみわて》、秦川勝《はだのかわかつ》の四人のみとなっている。本来この物部守屋征討の記事は、Ｂｄの七

寺を起つ条の冒頭に置かれた「四天皇寺《してんのうじ》」に対し、補足する意味で加えられた裏書であったと解される。

＊物部守屋大連　父尾輿《おこし》の没後、大連となり、敏達《びだつ》・用明朝にもその任にあった。崇仏廃仏をめぐって蘇我氏と対立したとされ、用明没後は、穴穂部《あなほべ》皇子の擁立《ようりつ》を図って蘇我馬子らと反目、河内国渋川郡《しぶかわぐん》(現在の大阪府八尾《やお》市)の本拠地、阿都《あと》に退去して守りを固めたが、征討を受けて敗死した。底本「室屋」と書し、見せ消ちして右傍に「守」と異筆追記。

＊四王の像　四天王の彫像。補闕記では、太子が秦川勝に採らせた白膠木《ぬるで》で刻んだと言う。

＊取り訖んぬ　「取る」は殺害すること。

＊聖王、生れて十四年也　太子の生年を敏達三年(五七四)として計算。

b　仏教伝来と廃仏、再興、関係情報

志癸嶋《しきしま》天皇＊の御世《みよ》、戊午年《つちのえうま》＊十月十二日＊、百斉《くだら》国主明王《めいおう》＊、始めて仏像、経教《きょうぎょう》、并《あわ》せて僧等＊を度《わた》し奉《たてまつ》る。勅して蘇我稲目宿祢大臣《そがのいなめのすくねのおおおみ》に授け、興隆せしむる也。庚寅年《かのえとら》＊、仏殿《ぶつでん》、仏像を焼き滅ぼし、難波《なにわ》の堀江《ほりえ》＊に流却《りゅうきゃく》す。少治田《おわりだ》天皇＊の御世、乙丑《きのとうし》

年五月、*聖徳王と嶋大臣《しまのおおみ》*と、共に謀《はか》りて仏法を建立し、三宝を更に興す。即ち五行《ごぎょう》に准《じゅん》じて爵位《しゃくい》*を定むる也。七月、十七條の法を立つる也。*

＊志癸嶋天皇　前出Ａｆ、欽明天皇。この条と、次の「庚寅年」の条は、本来、Ｂａの三宝興隆と冠位制定の記事に対して付けられた裏書と考えられる。

＊戊午年　西暦五三八年に当たる。元興寺縁起《がんごうじえんぎ》では欽明天皇の世、「治天下七年、歳次戊午、十二月度来」と、この年を欽明七年とする。この年立てでゆくと、欽明の即位は継体二十五年のこととなり、紀のように安閑・宣化両天皇の治世を入れる余地がない。このため、戊午年仏教伝来という所伝は、紀が編纂される以前の古伝であって、欽明朝と安閑・宣化朝の並立した時期があったとする説が生じた。その後、紀の記す欽明十三年(五五二)伝来という伝えは、末法《まっぽう》の開始に合わせて設定された可能性が指摘され、伝来記事の主要部が金光明最勝王経《こんこうみょうさいしょうおうきょう》によって述作されていることが明らかにされた結果、少なくとも仏教の公伝は戊午年と認められている。底本「戊」の字体については、Ｂｅ「戊午年四月十五日」の注参照。

＊十月十二日　紀は「十月」、元興寺縁起は「十二月」、新羅学生大安寺審祥大徳記《しらぎがくしょうだいあんじしんしょうだいとくき》(三国《さんごく》仏法伝通縁起《ぶっぽうでんずうえんぎ》所引)は「十二月十二日」とする。

＊明王　百済《くだら》国王。武寧《ぶねい》王の子。在位五二三―五五四年。紀では「聖明《せいめい》王」。三国史記百

済本紀では「聖王」。仏教を伝えた五三八年は、北方から高句麗《こうくり》の圧力を受け、国都を熊津《ゆうしん》から南方の泗沘《しひ》に移した年に当たり、仏教を伝えることにより、倭国の歓心を買う意味があったと考えられている。

＊仏像、経教、并せて僧等　仏教公伝に際してもたらされたものは、元興寺縁起には「太子像并びに灌仏《かんぶつ》の器一具、及び仏の起りを説く書巻一篋《はこ》」とあり、欽明十三年十月紀には「釈迦仏金銅像《こんどうぞう》一軀《く》、幡蓋《ばんがい》若干、経論若干巻」と記す。「太子像并びに灌仏の器」と言うのは、誕生仏と灌仏具であろう。僧が来日したことは他に見えない。

＊庚寅年　欽明三十一年(五七〇)。この廃仏のことは、元興寺縁起及び欽明十三年十月紀に見えている。

＊難波の堀江　古代の難波には、上町《うえまち》台地の東側に大阪湾の入海があったが、その入海は上町台地の北端、ほぼ現在の大川《おおかわ》を通じて大阪湾に繋がっていた。これは元来大和川の旧河口から排水される水を大阪湾に導くため開削《かいさく》された水路であって、この部分が難波の堀江と言われた(直木孝次郎一九九四)。

＊少治田天皇　前出Ａｆ、推古天皇。

＊乙丑年五月　推古十三年(六〇五)。紀では推古二年二月条に三宝興隆のことを記す。

＊嶋大臣　前出Ａｃ及びＢａ、蘇我馬子。

＊爵位　Ｂａ「爵十二級を制す」の注参照。冠位の名は五常《ごじょう》によるが、五常は五行《ごぎょう》(木火

土金水)と対応しており、「五行に准じて」は誤りではない。

＊七月、十七條の法を立つる也　十七条憲法の制定をいう。底本「條」を「餘」に作るが、草書体の類似からくる誤り。紀では推古十二年(六〇四)四月条に「皇太子、親《みずか》ら肇《はじ》めて憲法十七条を作る」として全文を挙げる。

c　山背大兄王一族の滅亡と蘇我氏の誅滅

飛鳥《あすか》天皇＊の御世《みよ》、癸卯《みずのとう》年十月十四日、＊蘇我豊浦毛人大臣《そがのとゆらのえみしのおおおみ》＊の児、入鹿臣《いるかのおみ》□□林太郎《はやしたいろう》、＊伊《い》加留加《かるが》宮に坐《ま》す山代大兄《やましろのおおえ》、及び其の昆弟《こんてい》＊等、合せて十五王子等＊□□□□＊。□□□皇＊の御世、乙巳《きのとみ》年六月十一日、＊近江《おうみ》天皇＊〈生れて廿一年〉＊、林太郎入鹿＊を殺す。明日を以て、其の父豊浦大臣の子孫等、皆之を滅ぼす。

＊飛鳥天皇　皇極《こうぎょく》天皇を指す。天皇は舒明《じょめい》天皇の后で、飛鳥板蓋《いたぶき》宮を皇居とした。底本は右傍に「皇極天皇也」の異筆書入れがある。このcは、本来、Aのcdに関連して付けられた裏書と考えられる。

＊癸卯年十月十四日　癸卯年は皇極二年(六四三)。紀では十一月丙子朔とし、補闕記は十

一月十一日丙戌とする。

＊蘇我豊浦毛人大臣　蘇我蝦夷を指す。毛人はエミシ。類聚名義抄《るいじゅうみょうぎしょう》仏上(一オ)に「毛人エビス」と見える。エミシはエビスの古形。蘇我蝦夷が豊浦大臣とも呼ばれたことは、皇極三年三月紀に見える。蝦夷は父馬子の没後、大臣に任じられたらしく、紀によると舒明の即位を推進、皇極朝にかけて権力を振るったが、子の入鹿が皇極四年六月に誅せられると自尽《じじん》した。

＊林太郎　蘇我入鹿の異名。皇極二年十一月紀の本注に「林臣《はやしのおみ》は入鹿也」とある。物部守屋は物部弓削守屋とも称されたが、弓削は、その母が弓削連《ゆげのむらじ》氏の出であったこと(先《せん》代旧事本紀《だいくじほんぎ》天孫本紀)に基づく。入鹿の母が林臣氏の出身であったか。皇極四年六月紀に「君大郎」の呼称で見え、家伝《かでん》(鎌足《かまたり》伝)にも「宗我大郎」と見える。Cb「鬼前大后」の注に記したとおり「大」と「太」は通用した。紀によると、入鹿は父蝦夷のもとで勢力を伸ばし、舒明の皇子古人大兄《ふるひとのおおえ》を皇位につけようと、皇極二年十一月の山背大兄《やましろのおおえ》王一族への攻撃を主導するなどしたが、同四年六月、中大兄《なかのおおえ》皇子や中臣《なかとみ》鎌足らの計画によって殺害された。

＊昆弟　昆は兄で、兄弟の意。底本「弟」を、通じて「第」に作る。

＊合せて十五王子等　斑鳩宮襲撃で亡くなった一族の人々の数は、時代を降るに従って増加する。皇極紀では「終に子弟妃妾《ひしょう》と、一時に自ら経《けい》して倶《とも》に死する也」として人数に

は言及しないが、補闕記では「太子子孫男女廿三王」の名を列挙し、伝暦は二十五人の名を挙げる。「太子子孫」の全滅は史実でなかろう。Ａｃ「片岡女王」の注も併せて参照。

＊□□□□　底本この部分を欠失し、挿入符を付し異筆で「悉滅之也」と補う。

＊□□□皇　底本三字分を欠失し、「皇」の上に異筆で「天」を補う。前後から見て、天皇名が記されていたはずである。右傍に「□□天皇也」、左傍に「□□天王」と異筆の注記がある。右傍の二字目は「徳」の残画らしく、謚号とすれば「孝徳天皇」か。左傍の注記は家永研究以来「神護天王」と読まれるが存疑。

＊乙巳年六月十一日　乙巳年は皇極四年(六四五)。紀や家伝(鎌足伝)では皇極四年六月戊申(十二日)に掛けて、蘇我入鹿が誅殺されたことを載せる。家伝(鎌足伝)によると、翌十三日、蝦夷は自尽した。

＊近江天皇　天智天皇を指す。右傍に「天智天皇也」、左下に「天地天王」と異筆の注記がある。

＊生れて廿一年　舒明十三年(六四一)十月紀に「年十六」と見えるので、皇極四年(六四五)には二十歳。あるいは大化二年(孝徳二、六四六)のこととして数えた年齢か。

＊林太郎入鹿　「郎」に続く二字は、わずかな残画からすると「入鹿」か。

E　太子関係五天皇と太子の追加情報

a　五代の天皇

志帰嶋《しきしま》天皇、天の下治《しろ》しめすこと卌一年。*〈辛卯《かのとう》年四月に崩ず。* 陵は檜前坂合岡《ひのくまのさかあいのおか》也〉。*

他田《おさだ》天皇、天の下治しめすこと十四年。*〈乙巳《きのとみ》年八月に□。* 陵は川内志奈《かわちのしな》□□□に在り〉。*

池辺《いけのへ》天皇、天の下治しめすこと三年。* 丁未《ひのとひつじ》年四月に崩ず。*
或《ある》いは云わく、川内志奈《かわちのしな》我中尾《がのなかお》□*と〉。

倉橋天皇、天の下治しめすこと四年。*〈壬子《みずのえね》年十一月に崩ず。* 実は嶋大臣《しまのおおおみ》の為めに滅さるる也。陵は倉橋岡に在る也〉。*

少治田《おわりだ》天皇、天の下治しめすこと卅六年。*〈戊子《つちのえね》年三月に崩ず。* 陵は大野岡《おおののおか》也。* 或いは云わく、川内志奈我山田《やまだ》寸《むら》と〉。*

＊天の下治しめすこと卌一年　右傍に「王代云、丗二年〈文〉」と異筆の注記がある。「王代」は書名で「王代記」(皇代記)。類書は多く特定は出来ない。紀では欽明の治世は三十二年であるが、Db「戊午年」の注で取り上げたように、欽明の即位は継体二十五年と見るのが正しく、これを起点に数えると四十一年となる。治天下については、Ba「御宇」の注参照。

＊辛卯年四月に崩ず　底本「辛」の上半を欠失。辛卯年は五七一年。

＊陵は檜前坂合岡也　欽明三十二年九月紀に「檜隈坂合陵」、延喜式(諸陵寮)に「檜隈坂合陵、磯城嶋金刺《しきしまのかなさし》宮御宇欽明天皇、大和国高市郡に在り」とある。どの古墳に当てるか諸説あったが、現在では橿原市見瀬《みせ》町所在の巨大な前方後円墳、五条野《ごじょうの》丸山古墳と見るのがほぼ定説。

＊天の下治しめすこと十四年　記紀ともに同じ。

＊乙巳年八月に□　底本には一字を欠くが、「崩」と見て誤りなかろう。乙巳年は五八五年。紀は年月が合致するが、記の分注は一年早く「甲辰《きのえたつ》年四月六日崩」とする。

＊陵は川内志奈□□□に在り　「川内」二字はわずかに残画が残る。「志奈□」は志奈我で、下文にも見える磯《し》長《なが》(科長)。記には「御陵は川内科長に在り」とあり、崇峻四年(五九一)四月紀に「訳語田天皇を磯長陵に葬る。是れ其の妣《はは》皇后の葬らるる陵なり」とあって、母の石姫皇后の陵に合葬されたことになる。延喜式(諸陵寮)に「河内磯長中尾陵、

訳語田宮御宇敏達天皇、河内国石川郡に在り」とある陵で、大阪府太子町にある前方後円墳、太子西山古墳が治定されている。「川内」は大宝律令前に遡る河内の古い表記。解説一三二頁参照。またシナガを仮名書きで「志奈我」とするのも古風である。

＊天の下治しめすこと三年　記紀ともに同じ。紀では用明紀は二年しかないが、即位前紀に敏達崩御直後の即位を記すので、足掛け三年である。

＊丁未年四月に崩ず　丁未年は五八七年。記は「十五日崩」、紀は「癸丑《みずのとうし》(九日)崩」とする。底本この下欠失、異筆で「秋七月奉葬河内磯長中尾山陵」(秋七月、河内磯長中尾山陵に葬り奉る)と補記し、「河内磯長中尾山陵」に抹消符を付ける。伝暦に同文があり、それに拠ったか。

＊或いは云わく、川内志奈我中尾□　「川内」は、底本では「内川」と倒置して書写し、符号を付けて訂正する。末尾の字は底本の欠失部に補記されているが、重ね書きになって判読困難。用明陵は、記に「科長中陵」、推古元年(五九三)九月紀に「河内磯長陵」、延喜式(諸陵寮)に「河内磯長原陵、磐余池辺列槻《なみつき》宮御宇用明天皇、河内国石川郡に在り」と見える。中尾陵は敏達陵として前に出たが、延喜式(諸陵寮)は敏達が合葬された石姫《いしひめ》皇后陵を、磯長原陵として載せているので、三者の名称の間に何らかの混乱があり、ここの「或いは云わく」が付けられたのであろう。大阪府太子町所在の方墳、春日向山古墳が治定されている。

＊天の下治しめすこと四年　記は同じであるが、紀では五年。即位前紀によれば、用明二年(五八七)の即位となるので、足掛け六年である。

＊壬子年十一月に崩ず　壬子年は五九二年。記では十一月十三日、崇峻五年紀では十一月癸卯朔乙巳《みずのとうのついたちきのとみ》(三日)。蘇我馬子の遣わした東漢直駒《やまとのあやのあたえこま》によって射殺された。

＊陵は倉橋岡に在る也　記では「倉椅岡上《くらはしのおかのほとり》」にあるとし、紀では「倉梯岡陵」。延喜式(諸陵寮)に「倉梯岡陵、倉梯宮御宇崇峻天皇、大和国十市《とおち》郡《ぐん》に在り」とし、桜井市倉橋所在の方墳、赤坂天王山《あかさかてんのうざん》古墳に比定する説が有力。

＊天の下治しめすこと卅六年　紀は同じ。記が「参拾漆歳《さんじゅうしちさい》」とするのは、崇峻没後の即位を算入したからであろう。

＊戊子年三月に崩ず　戊子年は六二八年。記は三月十五日、紀は三月丁未朔癸丑《ひのとひつじのついたちみずのとうし》(七日)とする。

＊陵は大野岡也　記に「大野岡上」にあるとし、紀には遺詔により、先立って没した子の竹田皇子の陵に合葬したとする。また延喜式(諸陵寮)に「磯長山田陵、小治田宮御宇推古天皇、河内国石川郡に在り」と見え、改葬後の陵を記す。この間の事情は不明であったが、橿原市五条野町所在の方墳、植山《うえやま》古墳が、七世紀前半の合葬墓と判明、大野岡の地名とも矛盾しないことから、推古天皇と竹田皇子の合葬された大野岡の上《ほとり》の陵と推定されるに至った。磯長山田陵は、大阪府太子町所在の方墳、山田高塚古墳に治定されて

いる。

＊或いは云わく、川内志奈我山田寸　「寸」は「村」の省画文字でCcに前出。前注の改葬後の陵の所在を記す。以上、五代にわたる天皇の情報は、Afの五天皇云々に関係して付けられた裏書であったと考えられる。

b　太　子

上宮聖徳法王、又法主王《ほうしゅおう》＊と云う。甲午年《きのえうま》に産《う》まれ＊、壬午年《みずのえうま》二月廿二日に薨逝《こうせい》する也。＊〈生れて卌九年。小治田宮に東宮《とうぐう》＊と為《な》る也。墓は川内志奈我岡也〉＊。

「（草名）＊」

「伝得僧相慶之《でんとくそうそうけい》＊」

＊法主王　用明元年（五八六）紀にも太子の称号の一つとして挙げられている。経典では釈迦を指すが、法王と同様、仏教に造詣深い皇族の意であろう。

＊甲午年に産まれ　甲午年は敏達三年（五七四）。太子の誕生年については、古来敏達元年、敏達二年などの異説があるが、史実としては本書や補闕記の言う敏達三年が正しいと考えられている。

＊壬午年二月廿二日に薨逝する也　壬午年は六二二年。この死亡年月日は、太子薨去の直後に完成したことが確かな釈迦三尊銘によって裏付けられる。

＊東宮　用明元年正月紀に「東宮」、推古元年(五九三)四月紀に「皇太子」とある。その実体がミコノミコトであったことについては、Ｂｂ「王命」の注参照。

＊墓は川内志奈我岡也　紀では「磯長陵」と表記。延喜式(諸陵寮)では「磯長墓」。現在大阪府太子町の叡福寺《えいふくじ》にある円墳に治定され、太子、膳妃、穴太部間人皇后の三人を合葬した墓として名高い。しかしその築造年代や合葬墓となった年代については、太子の時代より降るとする異論もあり、墓が陵墓に指定されて未調査であることもあって、確かなことは不明である。ただ、解説で述べたＥの成立年代から見て、少なくとも八世紀前半には、太子の墓として治定されていたことが確実である。以上、上宮聖徳法王に関わる情報は、元来、本書の内題に関係して書き入れられた裏書であったと見られ、用字の共通性から、もとはａの五天皇の記事と一連のものと判断される。

＊草名　相慶の前の底本所蔵者で、法隆寺五師であった千夏《せんか》の署名。法隆寺文書中の永承五年(一〇五〇)十二月九日付け譲状《ゆずりじょう》に署名しており(平安遺文六八五号、荻野三七彦一九九五)、広島大学・東京国立博物館などの上宮太子伝にも、同じ草名が書写されている。この署名によって、底本が少なくとも十一世紀初頭以前の写本であることが確められる。なお底本巻首内題の下にも、草名の残画があるが(本書表紙カバー参照)、千夏のものと

は一致せず、別の旧蔵者の草名であろう。

＊相慶　底本の旧蔵者。平安時代後期、十二世紀後半に書写事業が進められた法隆寺一切経《いっさいきょう》の奥書に、「法隆寺五師《ごし》大法師」として、しばしば名が現れる（平安遺文題跋編二四八一号など）。底本に異筆で加えられた「今私云、東壇佛之」（Ca）「今私云、是正面中臺佛之」（Cb）「秋七月奉葬河内磯長中尾山陵」（Ea）などの書入れは、この人の筆によると思しく、墨訓にもそれかと見られるものが混じるが、厳密な識別は困難である。

F　裏書

a　豊浦寺と豊浦大臣

庚戌《かのえいぬ》*の春三月、学問尼《がくもんに》善信《ぜんしん》等、百済《くだら》より還り、桜井寺《さくらいでら》に住《じゅう》す*。今の豊浦寺《とゆらでら》也*。初め桜井寺と云《い》い、後に豊浦寺と云う。曽《そ》我大臣《がのおおおみ》と云うは、豊浦大臣と云々《うんぬん》*。

＊庚戌　崇峻三年(五九〇)。底本右傍にある「小治田天皇代」(推古朝)の注記は誤り。

＊春三月、学問尼善信等、百済より還り、桜井寺に住す　この文は紀と全く同文。尼善信は、Cb「司馬鞍首止利仏師」の注でふれた嶋女《しまめ》の法名《ほうみょう》。受戒のため百済に渡航し、この年、帰国した。桜井寺は、蘇我稲目が自らの向原《むくはら》の家を捨てて寺としたのが始まりとする寺院(欽明十三年(五五二)十月紀)。元興寺縁起では、開基を推古天皇と太子に付会し、楷井《さくらい》(桜井)道場、豊浦宮、豊浦寺と発展したとする。

＊今の豊浦寺也　推古天皇が小治田宮に移った後、もとの皇居、豊浦宮を寺としたものと伝える(元興寺縁起ほか)。明日香村豊浦の向原寺《こうげんじ》はその後身。続日本紀光仁即位前紀の

童謡《わざうた》によって、桜井は豊浦の近傍にあったことがわかるが、桜井寺の明確な所在は未詳。

＊曽我大臣と云うは、豊浦大臣と云々　裏書のこの条は、全体として豊浦に関連し、Ｄｃの「蘇我豊浦毛人大臣」の説明として付けられたものと考えられる。

b　観勒の来日

観勒僧正《かんろくそうじょう》*は、推古天皇の即位の十年壬戌《みずのえいぬ》*に来たる。

＊観勒僧正　百済の僧。紀によれば、推古十年（六〇二）十月に来日、同三十二年四月に僧正に任じられた。この記事は、Ｄｂに見える仏像・経典・僧侶の渡来に関係して、観勒の来日はそこに含まれないことを示すため、加えられたのであろう。

＊即位の十年壬戌　底本「戌」を、通じて「成」に作る。Ｃｃ「甲戌」の注参照。

c　鞍作鳥の出自

仏工《ぶっこう》鞍作鳥《くらつくりのとり》。

案ずるに祖父は司馬《しば》達多須奈。*

＊案ずるに祖父は司馬達多須奈　従来「案」は「鞍」と誤読されている。底本「父」の右上に同筆で「祖」を補う。鞍作鳥の祖父は司馬達等《たっと》、父は鞍作多須奈《たすな》であるが、ここは祖父の名と父の名を合わせて誤ったか。この条は、Ｃｂの釈迦三尊光背銘に関連して加えられたと見られる。

d　播磨の水田

或《あ》る本に云わく、播磨《はりま》の水田*は二百七十三丁《ちょう》五反《たん》廿四歩《ぶ》と云々。又本に云わく、三百六十丁と云々。

＊播磨の水田　Ｂｅの播磨国の土地に関する補足記事。「二百七十三丁五反廿四歩」は日《に》本霊異記《ほんりょういき》より若干詳しく、「三百六十丁」は伝暦《でんりゃく》と一致する。Ｂｅ「今播磨に在る田は三百余町」の注参照。

e　浄土寺と般若寺の造立

有《あ》る本に云わく、誓願して寺を造り、三宝を恭敬《きょうけい》*す。十三年辛丑《かのとうし》*の春三月十五日、浄土寺*を始むと云々。

注に云わく、*「辛丑年に始めて地を平かにす。癸卯《みずのとう》*年に金堂を立つ。戊申《つちのえさる》*に始めて僧住《じゅう》す。己酉《つちのととり》*年三月廿五日、大臣害に遇《あ》う。*癸亥《みずのとい》*に塔を構《かま》う。癸酉年*十二月十六日、塔の心柱を建つ。其の柱礎中、円穴を作り、浄土寺と刻す。*其の中に有蓋《ゆうがい》の大鋺《たいわん》*一口を置く。内に種々の珠玉《しゅぎょく》*を盛る。*其の中に塗金《ときん》の壺*有り。壺の内にも亦た種々の珠玉を盛る。其の中に銀壺有り。壺の中内に純金の壺*有り。其の内に青瑠璃《あおるり》の瓶《へい》*有り。其の内に舎利《しゃり》八粒を納む。丙子《ひのえね》年四月八日、*露盤《ろばん》*を上ぐ。戊寅《つちのえとら》*年十二月四日、丈六《じょうろく》仏の像*を鋳る。乙酉《きのととり》年三月廿五日、*仏眼《ぶつげん》を点ず。*山田寺《やまだでら》是れ也*」と。注は承暦《じょうりゃく》二年〈戊午《つちのえうま》〉、南一房《みなみいちぼう》に之を写す。真曜《しんよう》の本なり。*

曽我《そがの》日向《ひむか》子臣《このおみ》*、字《あざな》は無耶志臣《むさしのおみ》*。難波《なにわ》長柄《ながら》豊碕《とよさき》宮*に御宇《あめのしたしろ》しめしし天皇の世、筑紫大宰《つくしのたいさい》の帥《かみ》に任ずる也。*甲寅《きのえとら》年十月*癸卯朔壬子《みずのとうのついたちみずのえね》、天皇の不悆《ふよ》*の為《た》め、般若寺《はんにゃじ》*を起つるなり。

＊有る本に云わく、誓願して寺を造り、三宝を恭敬す　これ以下はBaの三宝興隆に関係

して、具体的な事例を追加する意味があるのであろう。

＊十三年辛丑　舒明十三年(六四一)。

＊浄土寺　下文に見えるように、現在桜井市に後身寺院の残る山田寺。

＊注に云わく　以下、浄土寺即ち山田寺の造営過程を詳しく記す。七世紀の寺院の具体的な造営状況を示す数少ない史料として有名である。この注は、この項の末尾にあるように、承暦二年(一〇七八)に写された。末尾の記事の「注」は、従来「有る本」に付けられた注のように理解されてきたが、それならば「注」の字は不要で、「承暦二年」以下を直接書けば足りる。ここは一旦「有る本に云わく」が書かれた後、「注に云わく」が追加され、それを受けて「注は承暦二年」云々と書かれたと考えるべきである。

＊癸卯年　皇極二年(六四三)。

＊戊申　大化四年(六四八)。底本「戊」を「代」(異体字)に作る。前出Ｂe。

＊己酉年　大化五年(六四九)。

＊三月廿五日、大臣害に遇う　大臣は当時右大臣であった蘇我倉山田石川麻呂《そがのくらのやまだのいしかわのまろ》。石川麻呂は蘇我蝦夷の弟、倉麻呂の子である。中大兄皇子や中臣鎌足らと結んで蘇我入鹿誅殺に参加し、孝徳朝に重きを成したが、弟の蘇我日向《ひむか》の讒言《ざんげん》にあい、山田寺で妻子等とともに自尽した。孝徳紀の日付もここと同じ。天智天皇の妃となり、天武妃の大田皇女や持統天皇を生んだ遠智娘《おちのいらつめ》は、その娘。

＊癸亥　天智二年(六六三)。

＊癸酉年　天武二年(六七三)。

＊浄土寺と刻す　後述のように山田寺跡は発掘調査がなされているが、地下式の心礎に円穴はあるものの刻字はない。あるいはこの刻字は心柱になされたものか。

＊大鋺　鋺は鋺、かなまり。法隆寺資財帳にも供養具や食器として、多数の鋺が見えている。正倉院宝物や法隆寺献納宝物などに実例の多い佐波利《さはり》(銅に錫、鉛を加えた合金)の鋺である。以下に見える仏舎利の埋納形態は、法隆寺五重塔における舎利埋納状況と極めてよく似ている(法隆寺国宝保存委員会一九五四、福山敏男一九八六)。

＊珠玉　原文の表記は「殊玉」。「殊」は「珠」に通じてよく使われたが、ここでは通常の表記に改めた。下文も同じ。

＊盛　原文の「晟」は「盛」に通ずる。

＊塗金の壺　鍍金した銅製の壺。たとえば、延喜式(四時祭)の風神祭の用度中に紡織道具を挙げて、鍍金を「金塗」と表現する例がある。

＊純金の壺　底本「純金」を「鈍金」に作る。この通用も珍しくない。

＊青瑠璃の瓶　青色ガラスの瓶。底本「瑠璃」を「王王」に作る。「王王」を瑠璃の省画文字とする証注の解釈が妥当。

＊丙子年四月八日　天武五年(六七六)。四月八日の仏誕の日に合わせたもの。

＊露盤　いわゆる伏鉢《ふくばち》だけでなく、塔上の金属製の部分全体を言う（會津八一一九八二、大西修也一九七六）。

＊戊寅年　天武七年（六七八）。

＊丈六仏の像　この像は、文治三年（一一八七）三月に、両脇侍《わきじ》ともども興福寺東金堂衆《とうこんどうしゅう》によって奪われ、東金堂の本尊薬師如来とされた。後に火災にあって頭部のみが現存する。山田寺での安置堂宇は、諸寺《しょじ》建立次第《こんりゅうしだい》や護国寺本《ごこくじぼん》諸寺縁起集などにより、講堂とする説が行われてきたが、古くは丈六だけでも釈迦像を指したので、金堂本尊の釈迦像とする推定が妥当であろう（原浩史二〇一二）。

＊乙酉年三月廿五日　天武十四年（六八五）三月廿五日。底本「日」は現状では見えないが、表具の紙の下に残る（古典保存会一九二八）。石川麻呂の命日に当たり、石川麻呂追福《ついふく》のための像とされる（足立康一九四四）。天武十四年八月紀に、天皇行幸の記事がある。

＊仏眼を点ず　開眼供養《かいげんくよう》したことを言う。

＊山田寺是れ也　法号の浄土寺に対し、地名による寺号。発掘調査によって、塔の背後北側に金堂、南正面に中門、中門の左右から出て、塔と金堂を囲む回廊を持つ四天王寺式の寺院と判明した。ただ、講堂は北面回廊の外にある。

＊南一房に之を写す。真曜の本なり　家永研究で指摘されたとおり、法隆寺金堂日記（金堂仏像等目録）の聖天《しょうてん》像の注に「件《くだん》の像、年来、西室《にしむろ》南一、真耀《しんよう》五師の房に安置す。今

末代の愚人の心行《しんぎょう》を怖れ、奉渡《ほうと》する所也〈十一月十二日〉」と見え、この真耀が真曜と同一人と考えられる。聖天像は五師を務める真耀の房に安置されてきたが、盗難などの恐れから、承暦三年（一〇七九）十一月に金堂に移された。家永研究が「南一」を真耀と同房の僧と解したのは誤りで、法隆寺西室（僧房）の南から第一の部屋を示す。平城京出土の告知《こくち》札《さつ》に「山階寺中室《やましなでらなかむろ》自南端第三房」（山階寺中室の南端より第三の房）とあるのが参考になろう（木簡学会一九九〇）。真耀の本によって何人かが写したことになるが、その出典は不明。

＊**曽我日向子臣**　蘇我倉山田石川麻呂の異母弟、蘇我日向。前出「三月廿五日、大臣害に遇う」の注参照。

＊**字は無耶志臣**　大化五年（六四九）三月紀では「身刺」、家伝（鎌足伝）では「武蔵」とある。皇極三年正月紀の「身狭《むさ》」も同じか。

＊**難波長柄豊碕宮**　孝徳天皇の皇居。紀には大化元年にまず遷都のことが見えるが、実際の造営は白雉二年（六五一）から翌年にかけて行われた。

＊**筑紫大宰の帥に任ずる也**　大化五年三月紀によれば、蘇我日向は兄石川麻呂を讒言し自尽させたが、石川麻呂の潔白に気付いた中大兄皇子は日向を大宰帥《だざいのそち》に任じた。世人はこれを事実上の流罪と噂したという。大宰帥は律令制下の大宰府の長官。推古紀、大化紀、天智紀、持統紀、続日本紀文武紀などによると、大宝令前には筑紫《つくし》大宰《たいさい》、筑紫率《つくしのかみ》、竺志《つくし》

惣領《そうりょう》などと呼ばれた。

＊甲寅年十月　甲寅年は白雉五年(六五四)。孝徳紀の十月朔条に天皇の病のことが記されている。

＊天皇の不念　底本「不念」を「永念」と誤っている。

＊般若寺　蘇我日向が大宰帥となって発願しているため、この寺も九州にあったはずとして、福岡県筑紫野市の般若寺跡(塔原廃寺《とうのはるはいじ》)に当てる説が有力である(福山敏男一九八二)。しかし日向の本拠は大和にあり、寺が大和に建立されても何ら不自然ではないであろう。奈良県香芝市に遺跡のある般若寺・般若尼寺(尼寺《にんじ》廃寺《はいじ》)は、出土瓦の系統から見て、蘇我氏ないし上宮王家との関わりが推定できるから、むしろこれを当てるのが妥当である。この般若寺は、延暦僧録《えんりゃくそうろく》の挙げる太子建立七寺の一つの般若寺に相当しよう(東野治之二〇一一ｅ)。底本この項の末尾に、異筆の書入れ「□□京時定額寺之」(□□京の時の定額寺なり)がある。定額寺は、名称の由来について諸説あるものの、朝廷の統制のもと、財政的に保護された皇族・貴族・豪族などの私寺。続日本紀の天平勝宝元年(七四九)七月条に初めて見える。この寺については、欠字のため時期は不詳。以上、般若寺の記事は、山田寺の場合と同様、Ｂａの三宝興隆に関係して、造寺の具体例として裏に加えられたのであろう。

f　嶋大臣

曽我大臣《そがのおおおみ》＊は、推古天皇卅四年秋八月、＊嶋大臣《しまのおおおみ》〈曽我也〉病いに臥す。大臣の為め、男女并《あわ》せて一千人＊□□□。又本に云わく、廿二年甲戌《きのえいぬ》の秋八月、＊大臣病臥す。卅五年の夏六月辛丑に薨ず＊と。

＊曽我大臣　ここは蘇我馬子。Ｂａの冒頭に見える「嶋大臣」に対する補足の記事である。解説一三八頁参照。

＊推古天皇卅四年秋八月　推古紀では、この年五月に馬子の死去を載せる。あるいは「卅四年」は二十二年の誤りか。

＊男女并せて一千人　欠字があるが、馬子の病平癒のため、出家した人数を記したものであろう。推古二十二年(六一四)八月紀に馬子が病に臥したことが見え、同人数の出家が記されている。

＊廿二年甲戌の秋八月　底本「戊」を誤って「戌」に作る。この日付は推古紀と一致する。

＊卅五年の夏六月辛丑に薨ず　馬子の死去は、上述のように推古三十四年五月。

原　文

〔内題〕

上宮聖徳法王帝説

A　太子の系譜

a　太子の父母と同母弟

伊波礼池邊雙欟宮治天下橘豊日天皇、娶庶□□□□□〔妹穴穂部間〕人王為大后、生児厩戸豊聡耳聖徳法王、次久米王、次殖栗王、次茨田王。

b　太子の異母兄弟姉妹

又天皇、娶蘇我伊奈米宿祢大臣女子、名伊志支那郎女、生児多米王。又天皇、娶葛木

當麻倉首名比里古女子、伊比古郎女、生兒乎麻呂古王、次須加弖古女王〈此王、拝祭
伊勢神前／至于三天皇□〔也〕〉。合聖王兒□□〔第七〕王子也。

c　太子の子女

聖徳法王、娶膳部加多夫古臣女子、名菩岐々美郎〔女、生〕兒春米女王、次長谷王、次
久波太女王、次波止利女王、次三枝王、次伊止志古王、次麻呂古王、次馬屋古女王。
〈已上八人〉。
又聖王、娶蘇我馬古叔尼大臣女子、名刀自古郎女、生兒山代大兄王〈此王有賢尊之心、
棄身命而愛／人民也。後人、与父聖王相濫非也〉、次財王、次日置王、次片岡女王。
〈已上四人〉。
又聖王、娶尾治王女子、位奈部橘王、生兒白髪部王、次□□□□〔手嶋女王〕。合聖王兒、十四王
子也。

d　太子の孫

山代大兄王、娶庶妹春米王、生兒難波麻呂古王、次麻呂古王、次弓削王、次佐々女王、

次三嶋女王、次甲可王、次尾治王。

e　太子の甥姪

聖王庶兄多米王、其父池邊天皇崩後、娶聖王母穴太部間人王、生兒佐冨女王也。

f　太子の祖父・父母・伯叔

斯貴嶋宮治天下阿米久尓於志波留支廣庭□〔天〕皇〈聖王／祖父也〉娶檜前天皇女子、伊斯比女命、生兒他田宮治天下天皇、怒那久良布刀多麻斯支天皇〈聖王伯／叔也〉。又娶宗我稲目足尼大臣女子、支多斯比賣命、生兒伊波礼池邊宮治天下橘豊日天皇〈聖王／父也〉、妹少治田宮治天下止余美氣加志支夜比賣天皇〈聖王姨／母也〉。又娶支多斯比賣同母第〔弟〕、乎阿尼命、生兒倉橋宮治天下長谷部天皇〈聖王伯／叔也〉、姉穴太部間人王〈聖王／母也〉。

右五天皇、無雜他人、治天下也。〈但倉橋弟〔第〕四／少治田弟〔第〕五也〉

B　太子の事績

a　政治上の事績

少治田宮御宇天皇之世、上宮廐戸豊聡耳命、嶋大臣共輔天下政、而興隆三寶、起元興四天皇等寺。制爵十二級。大徳、少徳、大仁、少仁、大礼、□□〔少礼〕、大信、少信、大義、少義、大智、少智。

b　生誕と人となり

池邊天皇后、穴太部間人王、出於廐戸之時、忽産坐上宮王。々命幼少聡敏有智。至長大之時、一時聞八人之白言、而辨其理。又聞一智八。故号曰廐戸豊聡八耳命。池邊天皇、其太子聖徳王、甚愛念之、令住宮南上大殿。故号上宮王也。

c　学　業

上宮王、師高麗慧慈法師。王命能悟涅槃常住五種佛性之理、明開法花三車權實二智之趣、通達維摩不思議解脱之宗、且知経部薩婆多兩家之辨。亦知三玄五経之旨、並照天文地理之道。即造法花等経疏七巻。号曰上宮御製疏。太子所問之義、師有所不通、太子夜夢、見金人来教不解之義。太子寤後、即解之。乃以傳於師、々亦領解。如是之事、非一二耳。

d　七箇寺建立

太子起七寺。四天皇寺、法隆寺、中宮寺、橘寺、蜂丘寺〈并彼宮賜／川勝秦公〉、池後寺、葛木寺〈賜葛／木臣〉。

e　講　経

代〔戊〕午年四月十五日、少治田天皇、請上宮王、令講勝鬘経。其儀如僧也。諸王、公主、及臣、連、公民、信受無不嘉也。三箇日之内、講説訖也。天皇布施聖王物〔賜〕播磨國揖保郡佐勢地五十万代、聖王即以此地、為法隆寺地也。〈今在播磨田／三百餘町者〉。

f　薨去と慧慈の死

慧慈法師、齎上宮御製疏、還歸本國、流傳之。聞壬午年二月廿二日夜半、聖王薨逝也。慧慈法師聞之、奉為王命講経、發願曰、逢上宮聖、必欲所化。吾慧慈、来年二月廿二日死者、必逢聖王、面奉浄土。遂如其言、到明年二月廿二日、發病命終也。

C 太子に関する古史料

a 法隆寺金堂薬師像の光背銘

池邊大宮御宇天皇、大御身勞賜時、歳次丙午年、召於大王天皇与太子、而誓願賜、我大御病大平欲坐、故将寺藥師像作仕奉詔。然當時崩賜、造不堪者、少治田大宮御宇大王天皇及東宮聖徳王、大命受賜而、歳次丁卯年仕奉。

右法隆寺金堂坐藥師像光後銘文、即寺造始縁由也。

b 法隆寺金堂釈迦三尊像の光背銘

法興元世一年、歳次辛巳十二月、鬼前大后崩。明年正月廿二日、上宮法王、枕病弗悆、干食王后、仍以勞疾、並著於床。時王后王子等、及与□〔諸〕臣、深懐愁毒、共相發願、仰依三寶、當造釋像尺寸王身。蒙此願力、轉病延壽、安住世間、若是定業、以背世者、往登浄土、旱〔早〕昇妙果。二月廿一日关酉、王后即世、翌日法王登遐。关未年三月中、如願敬造釋迦尊像并俠侍及莊嚴具竟。乘斯微福、信道知識、現在安隱、出生入死、随奉三主、紹隆三寶、遂共彼堓。普遍六道、法界含識、得脱苦縁、同趣菩提。使司馬鞍首止利佛師造。

右法隆寺金堂坐釋迦佛光後銘文如件

c　法隆寺金堂釈迦三尊像光背銘の注

釋曰、法興元世一年、此能不知也。但案帝記云、少治田天皇之世、東宮廐戸豊聡耳命、大臣宗我馬子宿祢、共平章而建立三寶、始興大寺。故曰法興元世也。此即銘云法興元世一年也。後見人、若可疑年号。此不然也。然則言一年字、其意難見。然所見者、聖王母穴太部王薨逝辛巳年者、即少治田天皇御世故、即指其年、故云一年。其无異趣。鬼前大后者、即聖王母、穴太部間人王也。云鬼前者此神也。何故言神前皇后者、此皇后同母第〔弟〕、長谷部天皇、石寸神前宮治天下。若疑其姉穴太部王、即其宮坐故、稱神前皇后也。言明年者、即壬〔午〕年也。二月廿一日癸酉、王后即世者、此即聖王妻膳大刀自也。二月廿一日者、壬午年二月也。翌日法王登遐者、即上宮聖王也。即世登遐者、是即死之異名也。故今依此銘文、應言壬午年正月廿二日聖王枕病也、即同時膳大刀自得勞也、大刀自者二月廿一日卒也、聖王廿二日薨也。是以明知、膳夫人先日卒也、聖王後日薨也。則證歌曰、伊我留我乃　止美能井乃美豆　伊加奈久尓　多義弖麻之母乃　止美乃井能美豆。是歌者、膳夫人臥病而将臨没時、乞水。然聖王不許、遂夫人卒也。即聖王誅〔誄〕而詠是歌。即其證也。但銘文意、顯夫人卒日也。不注聖王薨年月也。然諸記文、分明云、壬午年二月廿二日甲成〔戌〕夜半、上宮聖王薨逝也。出生入死者、若其往反所生之辞也。三主者、若疑神前大后、上宮聖王、膳夫人、合此三所也。

d　天寿国繡帳銘

斯歸斯麻宮治天下天皇、名阿米久尓意斯波留支比里尓波乃弥己等、娶巷奇大臣名伊奈米足尼女、名吉多斯比弥乃弥己等為大后、生名多至波奈等已比乃弥己等、妹名等已弥居加斯支移比弥乃弥己等。復娶大后第〔弟〕、名乎阿尼乃弥己等為后、生名孔部間人公主。斯歸斯麻天皇之子、名蕤奈久羅乃布等多麻斯支乃弥己等、娶庶妹名等已弥居加斯支移比弥乃弥己等為大后、坐乎沙多宮治天下。生名尾治王。多至波奈等已比乃弥己等、娶庶妹名孔部間人公主為大后、坐濱邊宮治天下。生名等已刀弥々乃弥己等。娶尾治大王之女、名多至波奈大女郎為后。歳在辛巳十二月廿一日癸酉日入、孔部間人母王崩。明年二月廿二日甲成〔戌〕夜半、太子崩。于時多至波奈大女郎、悲哀嘆息、白畏天之、雖恐懐心難止使。我大王与母王、如期従遊、痛酷无比。我大王所告、世間虚假、唯佛是真。玩味其法、謂我大王、應生於天壽國之中。而彼國之形、眼所叵看。悕因圖像、欲觀大王往生之状。天皇聞之、悽状一告曰、有一我子、所啓誠以為然。勅諸采女等、造繡帷二張。畫者東漢末賢、高麗加西溢、又漢奴加己利、令者椋部秦久麻。

右在法隆寺蔵繡帳二張、縫著龜背上文字者也。

e　天寿国繡帳銘の注

巷奇〈蘇我也〉　弥字〈或當賣音也〉　已字〈或當余音也〉　至字〈或當知音也〉　白畏天之者〈天即少治田天皇也〉　太子崩者〈即聖王也〉　従遊者〈死也〉　天壽國者〈猶云天耳〉　天皇聞之者〈又少治田天皇也〉　令者〈猶監也〉

f　巨勢三杖の歌

上宮時臣〔巨〕勢三杖大夫歌

伊加留我乃　止美能乎何波乃　多叡婆許曽　和何於保支美乃　弥奈和須良叡米

美加弥乎須　多婆佐美夜麻乃　阿遅加氣尓　比止乃麻乎之志　和何於保支美波母

伊加留我乃　己能加支夜麻乃　佐可留木乃　蘇良奈留許等乎　支美尓麻乎佐奈

D　太子の事績と関係情報の追補

a　物部守屋征討と四天王寺の建立

丁未年六七月、蘇我馬子宿祢大臣、伐物部室〔守〕屋大連。時大臣軍士、不尅而退。故則上宮王、擧四王像、建軍士前、誓云、若得亡此大連、奉為四王、造寺尊重供養者。即軍士得勝、取大連訖。依此即造難波四天王寺也。聖王生十四年也。

b　仏教伝来と廃仏、再興、関係情報

志关嶋天皇御世、代〔戊〕午年十月十二日、百齊國主明王、始奉度佛像経教并僧等。勅授蘇我稲目宿祢大臣、令興隆也。

庚寅年、焼滅佛殿佛像、流却於難波堀江。少治田天皇御世、乙丑年五月、聖徳王与嶋大臣、共謀建立佛法、更興三寶。即准五行、定爵位也。七月、立十七餘〔條〕法也。

c　山背大兄王一族の滅亡と蘇我氏の誅滅

飛鳥天皇御世、关卯年十月十四日、蘇我豊浦毛人大臣兒、入鹿臣□□林太郎、坐於伊加留加宮山代大兄及其昆第〔弟〕等、合十五王子等□□□□。

□□□皇御世、乙巳年六月十一日、近江天皇〈生廿一年〉殺於林太郎□□〔入鹿〕。以明日其父豊浦大臣子孫等皆滅之。

E　太子関係五天皇と太子の追加情報

a　五代の天皇

志歸嶋天皇治天下卌一年。〈辛卯年四月崩。陵檜前坂合岡也〉。

他田天皇治天下十四年。〈乙巳年八月□。陵在□□〔川内〕志奈□□□〉。

池邊天皇治天下三年。〈丁未年四月崩。□□／或云、川内志奈我中尾□〉。

倉橋天皇治天下四年。〈壬子年十一月崩。實為嶋大臣所滅也。／陵倉橋岡在也〉。

少治田天皇治天下卅六年。〈戊子年三月崩。陵大野岡也。／或云、川内志奈我山田寸〉。

b　太　子

上宮聖徳法王、又云法主王。甲午年産、壬午年二月廿二日薨逝也。〈生卅九年。小治田宮為東宮也。／墓川内志奈我岡也〉。

「(草名)」

「傳得僧相慶之」

F　裏　書

a　豊浦寺と豊浦大臣

庚成〔戊〕春三月、學問尼善信等、自百済還、住櫻井寺。今豊浦寺也。初櫻井寺云、後豊浦寺云。曽我大臣云ハ豊浦大臣云々。

b　観勒の来日

観勒僧正ハ推古天皇之即位十年壬成〔戊〕来之。

c　鞍作鳥の出自

仏工鞍作鳥。
案祖父司馬達多須奈。

d　播磨の水田

或本云、播磨水田二百七十三丁五反廿四歩云々。又本云、三百六十丁云々。

e　浄土寺と般若寺の造立

有本云、誓願造寺、恭敬三寶。十三年辛丑、春三月十五日、始浄土寺云々。注云、辛丑年始平地。关卯年立金堂之。代〔戊〕申始僧住。己酉年三月廿五日、大臣遇害。关亥構塔。关酉年十二月十六日、建塔心柱。其柱礎中、作円穴、刻浄土寺。其中置有蓋大鋺一口。内晟〔盛〕種々殊〔珠〕玉。其中有塗金壺。々内亦晟〔盛〕種々殊〔珠〕玉。其中有銀壺。々中内有鈍〔純〕金壺。其内有青王王〔瑠璃〕瓶。其内納舎利八粒。丙子年四月八日、上露盤。戊寅年十二月四日、鋳丈六仏像。乙酉年三月廿五□〔日〕、點仏眼。山田寺是也。注承暦二年〈戊午〉、南一房寫之。真曜之本之。

曽我日向子臣、字無耶志臣。難波長柄豊碕宮御宇天皇之世、任筑紫大宰帥也。甲寅年十月关卯朔壬子、為天皇永〔不〕悆、起般若寺之。

f　嶋大臣

曽我大臣ハ、推古天皇卅四年秋八月、嶋大臣〈曽我也〉臥病、為大臣之、男女并一千人□□□。又本云、廿二年甲戊〔戌〕秋八月、大臣病臥之。卅五年夏六月辛丑薨之。

付載　『上宮聖徳法王帝説』引用銘文

〔法隆寺金堂薬師如来像光背銘〕

池邊大宮治天下天皇大御身勞賜時歳
次丙午年召於大王天皇与太子而誓願賜我大
御病太平欲坐故将造寺薬師像作仕奉詔然
當時崩賜造不堪者小治田大宮治天下大王天
皇及東宮聖王大命受賜而歳次丁卯年仕奉

＊奈良国立文化財研究所飛鳥資料館編『飛鳥・白鳳の在銘金銅仏』同朋舎、一九七九年による。

〔法隆寺金堂釈迦三尊像光背銘〕

法興元丗一年歳次辛巳十二月鬼
前太后崩明年正月廿二日上宮法

皇枕病弗悆干食王后仍以労疾並
著於床時王后王子等及與諸臣深
懐愁毒共相發願仰依三寶當造釋
像尺寸王身蒙此願力轉病延壽安
住世間若是定業以背世者往登浄
土早昇妙果二月廿一日癸酉王后
即世翌日法皇登遐癸未年三月中
如願敬造釋迦尊像并俠侍及荘嚴
具竟乗斯微福信道知識現在安隠
出生入死随奉三主紹隆三寶遂共
彼堓普遍六道法界含識得脱苦縁
同趣菩提使司馬鞍首止利佛師造

*奈良国立文化財研究所飛鳥資料館編『飛鳥・白鳳の在銘金銅仏』同朋舎、一九七九年による。

〔天寿国繡帳銘〕

斯歸斯麻　宮治天下　天皇名阿　米久爾意　斯波留支
比里爾波　乃彌己等　娶巷奇大　臣名伊奈　米足尼女
名吉多斯　比彌乃彌　己等為大　后生名多　至波奈等
已比乃彌　己等妹名　等已彌居　加斯支移　比彌乃彌
己等復娶　大后弟名　乎阿尼乃　彌己等為　后生名孔
部間人公　主斯歸斯　麻天皇之　子名蕤奈　久羅乃布
等多麻斯　支乃彌己　等娶庶妹　名等已彌　居加斯支
移比彌乃　彌己等為　大后坐乎　沙多宮治　天下生名
尾治王多　至波奈等　已比乃彌　己等娶庶　妹名孔部
間人公主　為大后坐　瀆邊宮治　天下生名　等已刀彌
彌乃彌己　等娶尾治　大王之女　名多至波　奈大女郎
為后歲在　辛巳十二　月廿一癸　酉日入孔　部間人母
王崩明年　二月廿二　日甲戌夜　半太子崩　于時多至

波奈大女　郎悲哀嘆　息白畏天　皇前曰啓　之雖恐懐
心難止使　我大王与　母王如期　従遊痛酷　无比我大
王所告世　間虚假唯　佛是真玩　味其法謂　我大王應
生於天壽　國之中而　彼國之形　眼所叵看　悕因圖像
欲観大王　住生之状　天皇聞之　悽然告曰、有一我子
所啓誠以　為然勅諸　采女等造　繡帷二張　畫者東漢
末賢高麗　加西溢又　漢奴加己　利令者椋　部秦久麻

＊飯田瑞穂二〇〇〇bの復原による。

〔解説〕
『上宮聖徳法王帝説《じょうぐうしょうとくほうおうていせつ》』の成立と史料価値

一　はじめに

聖徳太子は古代の有名人物である。「聖徳太子」という名前そのものは、没後に付けられた諡号(おくり名)であるため、近年は実名を採って「厩戸王《うまやと》」「厩戸皇子」などと呼ばれることも多くなったが、中学・高校の教科書にもその名が現れるのは周知のところであろう。蘇我氏などの豪族が政治の実権を握っていた飛鳥時代にあって、推古女帝を助け、皇室中心の中央集権を目指し、体制を刷新しようと努力した人物であり、文化面でも新しく根付いた仏教を深く学び、外来文化の受け入れにも熱心だったというのが、これまでふつう抱かれてきた人物像である。

ただ、聖徳太子ほど、実像がわかりにくい人物も珍しい。一般化している人物像は、近代になって誕生したものであり、それまでは観音菩薩や中国の高僧の生まれ変わりとして、仏教上の信仰対象であった時代が長い。いわゆる太子信仰と呼ばれるこの信仰は、平安時代前期に明確になったが、その萌芽は遅くても八世紀前半に遡る。没後百年あまりで、太子はすでに伝説化していた。そのような人物像の移り変わりを踏まえ、多くの史料を疑い、常識的な太子像を強く疑う説も、近年では提起されている。

そうした太子の実像に迫る有力な手がかりが、古代に作られた太子伝である。聖徳太子の伝記は早くから編纂されたようで、現存の伝記に限っても、奈良時代後期に遡る『上宮太子伝』(いわゆる『七代記《しちだいき》』)や『延暦僧録』の「上宮皇太子菩薩伝」があり、平安前期には『上宮聖徳太子伝補《ほ》闕記《けつき》』(以下、『補闕記』)、中期には『聖徳太子伝暦《でんりゃく》』(以下、『伝暦』)が作られて、太子信仰の拠りどころとなった。また独立こそしていないが、『日本書紀』(養老四年、七二〇年成立)に見られる太子関係の記述は、分量も多く、集めると優に一つの太子伝と言え、早くも伝説化していた人物像をうかがわせる。その中にあって『上宮聖徳法王帝説』(以下、『法王帝説』)は、とりわけ古い伝承を含み、聖徳太子研究の史料であるに止まらず、広く日本の古代史を考える基本史料の一つとして高く評価されてきた。

これに関する研究も早くから登場し、十九世紀の狩谷棭斎《かりやえきさい》による『上宮聖徳法王帝説証注』（以下、『証注』）をさきがけとして、それに補訂を加えた平子鐸嶺《ひらこたくれい》の『補校上宮聖徳法王帝説証注』（丙午出版社、一九一三年）もある。この補校は、訓読と注を付して一九四一年に岩波文庫から刊行された（花山信勝・家永三郎校訳『上宮聖徳法王帝説』）。これらを受けて、第二次大戦後に刊行を見た家永三郎氏の著書（家永三郎一九七〇）に至り、本書の研究はほぼ完成された感がある。家永氏は本文を校訂しその読みを定め、随所に独自の解釈を示した。本書の内容が、性格や年代を異にする五つの部分から成ることを明らかにし、それぞれの成立年代を考えたのも、家永氏の研究が最初である。しかし、もはや研究の余地がないかとさえ見える家永氏の著書についても、近年の矢嶋泉氏の論考に指摘されるとおり、なお残された問題がないとはいえない。

たとえば矢嶋氏は、本書の構成をめぐり、かねて山田孝雄氏によって示唆されていた裏書の本文化という視点（後段参照）が有効なことを改めて論じ、本書の成立過程について、家永説に反論を提起している。その主張には聞くべき点が多いが、家永説にはその他にも、用字や仮名遣いをめぐり、近年の出土資料の増加も踏まえて、再考すべきところがあるように思う。家永氏の研究が出たころと条件が大きく異なるのは、このような大量の新史料の出現であって、本書に限ったことではないが、それらを考慮に入れた読み直しが、将来にもわたる大きな課題であろう。この解説では、家永氏や矢嶋氏の研究を参照しながらも、今一度新たな観点から、本書の構成と成立年代、史料価値につき、検討を加えることとしたい。

なお、本題に入るに先立ち、本書の伝来についてふれておくと、本書の古写本は、現在知恩院の所蔵となっている巻子本以外に知られておらず、たまたま写本があっても近世以降、この知恩院本を写したものにすぎない。知恩院本は、江戸時代までは法隆寺に伝えられたもので、平安中期を降らない書写とされている(毎日新聞社一九六九)。聖徳太子や法隆寺などの古文献に本書の一部を引用する例も見られるが、それらの典拠が全て知恩院本に帰することは家永氏が明らかにされている。従って本書の研究は、知恩院本によって進める他ないのが現状であり、本書も知恩院本を底本としている。

二　構　成

『法王帝説』が一定の方針で編纂された書でないことは、既にこれまでの研究で知られているとおりであって、内容はいくつかの部分に分かれる。その成書年代についても問題はあるが、それは後段に譲り、とりあえず定説化している家永氏の見解によって、構成要素を挙げれば左のとおりである（家永三郎一九七〇、下段は本書の分段）。

A（第一部）太子の系譜	A
a　太子の父母と同母弟	a
b　太子の異母兄弟	b
c　太子の子	c
d　太子の孫	d
e　太子の甥・姪	e
f　太子の祖父・父母・伯叔	f
B（第二部）太子の行実	B
a　政治上の事蹟	a
b　生誕、人となり	b
c　学業	c

d 七寺建立

e 講経

f 薨去、慧慈の殉死

C（第三部） 太子の行実に関する古史料の引証

a 法隆寺金堂薬師像の銘文

b 法隆寺金堂釈迦三尊像の銘文

c 法隆寺金堂釈迦三尊像銘文の注釈

d 天寿国繡帳の銘文

e 天寿国繡帳銘文の注釈

f 巨勢三杖の追悼歌

D（第四部） 太子の行実と関係史実の再録・補遺

a 守屋合戦、四天王寺建立

b 仏教伝来

c 廃仏

d 太子の治政

d e f C a b c d e f D a b

e　太子子孫の滅亡　　c
f　蘇我氏誅滅
E（第五部）　太子関係五天皇と太子の略歴　　E
a　五代の天皇　　a
b　太子　　b
F　裏書　　F

家永氏はＡＢがまず成立し、ついでＣがその証拠史料として引用され、ＤＥはそれらの補遺として、内容的には重複も含むものの、付加されたと考えられた。この見解は、本書の現状の説明として合理的ではあるが、これまでも指摘されてきたように疑問がないわけではない。特にＡ—Ｅ、Ｂ—Ｄがそれぞれ内容的に関連深いにも拘らず、対称的位置を占めて置かれていることは、順次付加されたとすると理解しにくい。

そこで早く山田孝雄氏は、ＡＢとＤＥの関係をめぐって、本来ＥはＡの、ＤはＢの、それぞれ裏書として書き入れられたもので、伝写される内にそれが本文の形をとって後半に書き込まれたとする卓抜な着想を示された（山田孝雄一九五三）。この見解に対しては、太田晶二郎氏も一案として賛意を表されている(太田晶二郎一九九二)。山田氏はこの見解を積極的には展開されなかったが、確かに考慮に値する見方といえよう。近年、矢嶋泉氏は、改めてこの山田説に注目し、これを継承する形で新たな説を提起された(矢嶋泉二〇〇五)。矢嶋氏は山田説の大筋を承認するに先立ち、家永氏による先のような分段には、修正を要する点が見受けられること、とりわけEは事実の単なる追録ではなく、五天皇の記事(Ea)と太子の別称をめぐる記事(Eb)とは、分離して考えるべきで、太子の別称をめぐる記述は、本来、本書の書名の「上宮聖徳法王帝説」に対する裏書であったと論じられた。太子の別称についての記述が、何故巻末に来るかを合理的に説明する、まことに当を得た指摘であり、これによって、関連の深い記事が対称位置に置かれている事実は、裏書に起因することが証明されたと考えてよいであろう。矢嶋氏はこの点を含め、裏書との対応という観点から、本書全体の構成について次のような案を提示されている。

内題――――――E(b太子)
A(c太子の子、d太子の孫)――D(e太子子孫の滅亡、f蘇我氏誅滅)

A（f 太子の祖父・父母・伯叔）―E（a 五代の天皇）
B（a 政治上の事蹟）――――D（a―d 守屋合戦・四天王寺建立・
仏教伝来・廃仏・太子の治政）

矢嶋氏が、家永説の分段に異論を唱え、それを修正して、本体と付加部分を改めて対比し直されたのは妥当であり、これによって『法王帝説』のCを除く構成が、理解しやすい形に整理されたと評価してよい。矢嶋案の裏書において、DとEとが、前掲のとおり一続きにならず、入り組む形になる点に関しても、氏は裏書が二段階にわたって書き入れられたとの解釈を示されており、そう理解すれば全く支障はなくなる。このように矢嶋説は、現時点で最も説得力に富むのであるが、果たしてこれ以外に別の解釈が成り立つ余地はないのであろうか。

やはり気にかかるのは、裏書と見た場合のDEの不連続である。先の矢嶋氏の説明が一応の解決案ではあるが、連続的に理解できれば、DEが裏書であることが更に確実になることは疑いない。そこでこの点を含め、裏書と想定されるDEと表のABとの関係を、再度検証してみよう。

まず私見による結論を、便宜上、先に示すと次のとおりである。

A――E(一次裏書)
B――D(同右)
C　追加史料

矢嶋説と異なるのは、EとDを各AとBの裏書とみることである。なるほどEbは、矢嶋氏の言われるように、本書の内題に対する裏書であり、Ea五代の天皇の部分はAfと対応する記述であろうが、EaをEbと完全に切り離し、Afと対応させるのは妥当であろうか。知恩院本を参照すると、Eaの志帰嶋《しきしま》天皇以下の五天皇と、Ebの上宮聖徳法王の記事には、いずれも行頭に丸印が付けられている。それはこれらが一括して一連の記載と見なされていたことを示す。もっとも丸印は、知恩院本ないしその祖本で付せられた二次的なものかもしれないが、墓所の記し方や表記にも類似性が認められるから、もともと一連の記載と判断すべきであろう。完全に同一の記載形態になっていないのは、天皇と皇子の違いから来る相違と見て不自然ではない。Eは全体として一つの出典から、Ａｆとも響き合いつつ、最終的に内題と関連付けてＡの裏面に書き入れられたと考えるべきである。そうなると、ＡＢとＤＥの関係は次のようになり、本文の進行と丁度逆に、裏面の記事が存在していることとなる。

内題――――――――――――――Ｅ（ａ五代の天皇、ｂ太子）
Ａ（ｃ太子の子、ｄ太子の孫）――Ｄ（ｅ太子子孫の滅亡、ｆ蘇我氏誅滅）
Ａ（ｆ太子の祖父・父母・伯叔）
Ｂ（ａ政治上の事蹟）――――――Ｄ（ａ―ｄ守屋合戦・四天王寺建立・仏教伝来・廃仏・太子の治政）

矢嶋氏のように、ＡＢ部分に二回にわたって裏書が書き込まれたと見る必要はなくなるわけである。

ここで表裏の記事の関係を改めて検証しておくと、Ｄａ（守屋合戦、四天王寺建立）は、Ｂｄ（七寺建立）の筆頭に挙げられた四天王寺に関わって、書き入れたものであろう。

続くＤｂは、Ｂの冒頭にある「興隆三宝」以下の段に関係すると考えられる。即ち欽明朝の仏教伝来後、廃仏の難を経て、推古朝に仏教が再び興されたことを説き、続く冠位十二階の制定記事に対し、Ｂに説明はないが、それが五行に基づくこと、またそれ以外に憲法十七条も同じ年に制定されたことをＤのｃｄで述べる。従ってＤのｂ—ｄは一連の記事として捉えられるべきである。よって本書では、これらをＤｂとしてまとめた。

Ｄｅはａのｃｄに聖王の児が「十四王子」、山背大兄の児が七名あったと見えるのを受け、「十五王子等」が蘇我入鹿によって滅ぼされたことを記す。それに続くＤｆ蘇我毛人・入鹿らの滅亡記事は、前段の行為の報いを示す意味で加えられているのであろう。ここもまたｅとｆは一連の記載と判断される。よって本書では、これらをＤｃとしてまとめた。Ｅについては上述のとおりである。

このようにＡＢとＤＥは、本体と裏書の関係になることを、改めて確認しておきたい。

三　成立年代

次に問題となるのは、これらの各部分がいつ成立したかである。これについてもすでに家永三郎氏の所説があり、部分的にはともあれ、大筋は定説化しているといってよいであろう。家永氏の結論を簡単に紹介すれば次のようになる。

A・E（第一部・第五部）　いわゆる「帝紀」に基づくとされる『古事記』の皇室系譜などと類似する記載に終始し、説話的要素を欠くこと、天皇の治世を言うのに、大宝令以後通行する「御宇」ではなく「治天下」を用いることから、大宝までは降らない時期の成立。原資料は記紀に先んじる。

B・D（第二部・第四部）　説話的要素を多く含み、「御宇」の表記があることから、八世紀頃の成立。

C（第三部）　本文の記載を裏付けるため、本文成立後に補入された部分で、『補闕記』や『伝暦』より後の成立。

しかし、家永説が発表された段階と現在では、大きな変化の生じていることを見逃すことはできない。特に七世紀末から八世紀前半にかけての木簡を主体とする文字資料が、多数出現していることは、本書の用語、文字遣いを再検討する上に重要な手がかりを提供する。このような観点から、家永説とは別に、成立時期を異にする本書の各部分について、その年代を考えてみよう。なお、こうした作業をなすに際し、使用されている万葉仮名の種類も基準とすべきではないかとの意見も当然予想される。しかし本書のように、古い写本が一本しか存しない書物では、その仮名字母の一字一字にあまり拘泥するのも問題であろう。また官撰の書物などとは異なり、文字遣いについての規範意識にも厳密さは保しにくい。成立時期の検討に当たっては、用語に重点を置いて進めることとしたい。

まずA(第一部)に関して注意されるのは、皇族の男女が概ね王、女王と呼び分けられているものの、太子の母、穴太部間人皇女《あなほべのはしひと》を「穴太部間人王《あなほべのはしひとのみこ》」と記したり、太子の兄弟姉妹を合わせ「聖王兄弟七王子」と称したりするなど、皇族の性別を明示する称号が使用されない場合のあることである。このような特徴は、八世紀初頭の長屋王家《ながやおうけ》木簡と類似する(東野治之一九九六a)。長屋王家木簡は、出土状況や木簡に見える年紀から、和銅五年(七一二)以降霊亀二年(七一六)に亘る一括資料と目されるが、長屋王の妹の山形女王《やまかた》、妹ないし姪とみられる竹野女王、正妻の吉備《きび》内親王たちが、それぞれ山方王・山方王子、竹野王、吉備王子などとして見える。当時すでに大宝律令が施行され、女王・内親王が公的な称号となっていたが、木簡では、長屋王邸内での文書であったため、これは厳格には遵守されていなかった。長屋王自身、法制上の地位は王であるにも拘らず、しばしば長屋皇子や長屋皇、長屋王子などと記されているのは、それを証する。その場合、王子の称が見えることは、この在り方が以前からの慣例によるものであることを物語っていよう。王子は律令制下の法制用語には存在せず、かえって『古事記』に見え、ミコという和語に対応すると見られるからである。『古事記』では皇族の男女を通じて王が称号として多く使われ、王と女王で男女の皇子を区別するなど、木簡と符合する点が多い。結局、王、王子ほか、表記の異なる多様な称呼も、和語のミコに対する当て字であったと理解される。

『法王帝説』のA部分が、『古事記』や長屋王家木簡と共通する表記を備えているという事実は、A部分の成立が、八世紀初めごろを降らないことを示唆していると考えなければならない。なお、家永氏の言われる「治天下」の使用も参考とはなるが、「治天下」の語は、「御宇」が登場した大宝以後も使われており、「治天下」と「御宇」が大宝を境に交代したわけではない。従って、この点をもってAが大宝以前の成立とまで言うのは避けるべきであろう。

では、Aに次いで古いとされてきたB(第二部)についてはいかがであろうか。Bで最も特徴的なのは、太子を呼んで「王命」とすることである。「王命」と言う称は管見では他に例を見ず、『法王帝説』知恩院本の古訓も一部誤って、「王ニ命ラク」(王におおすらく)としているほどであるが、和語のミコノミコトを表記したものであろう。『日本書紀』や『万葉集』に「皇子命」「皇命」「皇子尊」と書かれるのと同じ称である。ここにもまたAと共通する皇族の称呼が見えるわけで、Aとの年代の近さが類推できる。

同様にBで「太子」の称が現れているのも注意される。周知のとおり、『日本書紀』は聖徳太子を皇太子として明確に位置づけており、「聖徳皇太子」という呼び名も古代の史料ではむしろ「聖徳太子」より一般的である。Bで「太子」の称が用いられているのは、君主を皇帝ではなく王と位置づける用語体系が背後にあり、その後嗣に関しても、皇太子ではなく太子という言い方になっていると見られる。その他、太子の聡明さを記述して、「一時に八人の白言を聞き」と言うのは、例えば『日本書紀』(推古即位前紀)に「一たびに十人の訴えを聞く」とあるのよりも明らかに控え目で、太子の豊聡八耳命《とよとやつみみのみこと》という別号とも直接に結びつく点で、Bの古さを裏付けている。

ただ、Bの成立がAと同じく古いとは言っても、やはり簡単には七世紀まで遡らせることができない。飛鳥寺を表す「元興寺」という寺号がそれを示す。飛鳥寺は『日本書紀』では一貫して「法興寺」と書かれ、元興寺の称は見えていない。逆に八世紀以降は、「元興寺」が一般的である。飛鳥寺は平城遷都を機に、法号を法興寺から元興寺に改めたとする説がすでにあるが(太田博太郎一九七九)、それが当たっていると見るべきであろう。また、太子に賜った土地の所在を、国郡制に基づき「播磨国揖保《いいぼ》郡」と表記するのも、大宝令以後でなければならない。

ここで問題なのは、この播磨国揖保郡の土地について、「今播磨に在る田は三百余町といえり」の注があることである。播磨の法隆寺地は後に水田に開かれていったが、その面積は、書紀の百町を暫く措いても、法隆寺資財帳の二百十九町一段八十二歩、『日本霊異記』(上五縁)の二百七十三町五段余、『伝暦』の三百六十町と増加する。三百余町をその中に置けば、平安前期以降の状態を示すことになろう。しかし、これだけをもってBの成立年代を平安前期とするのは疑問と思う。この記述が本文ではなく、注の形をとっていること、田積が詳しい端数を伴わない概数であることは、これが本文成立後に追記された可能性や、たとえ本文と同時の注でも、極めて概略の数値が挙げられた可能性などが想定できるからである。底本そのものが転写を経た写本であってみれば、この注が後人の付加した注であることは大いにありえるし、「今播磨に在る」云々という表現は、本書成立から時を経た段階での情報を追加しているかのようで、明らかに後人の筆になる追記「今私云、東壇佛之」(今私に云わく、東壇の仏之なり)(Ca)や「今私云、是正面中臺佛之」(今私に云わく、是れ正面中台の仏之なり)(Cb)に通じるところもある。従ってこの注からBの年代を限定するのは、ためらわざるをえない。Bの成立は、律令制が浸透してからではありえないような古い要素の存在を考慮すると、やはり八世紀初め、降っても八世紀半ばまでと考えるのが妥当である。

そこでAとBに付けられた裏書EとDの年代であるが、どちらもA・Bよりさほど降るとは考えにくい。まずEでは、河内地域を表す「川内」の表記が手がかりになる。

大宝令の施行に伴って、公文書に押す官印の一種として諸国の国印が統一して作られたが、その際、漢字の好字二字による国名表記が定まった(鎌田元一二〇〇二)。令前の「川内」は、それによって「河内」に固定したと考えられる。「川内」のような古い表記がEに使用されているのは、原史料の古さを示すものであり、いまだ大宝令の国名表記が完全に定着しない前に、Eが成立したと判断してよいであろう。

一方、Dについては、有力な年代判定の手がかりが見当たらない。天皇名に漢風諡《かんぷうし》号《ごう》が使われていないのは、奈良朝末まで降らないことを示唆するが、「近江天皇」が見えることから、天智朝まで遡るものではない。また間接的に参考となるのは、Dcに記された太子の子女の数である。蘇我氏に滅ぼされたのは「山代大兄、及び其の昆弟等、合せて十五王子等」というが、この人数は、『補闕記』では「男女廿三王」とあり、『伝暦』では二十五人の子女名を挙げる。これを以て直接年代を云々することはできないが、滅ぼされた人数が控え目なだけ、古い所伝ということができよう。また山代大兄の一族男女を「王子等」とするのも、男女の書き分けに消極的なことを示し、Aで指摘したと同じ古風な表記をとどめていると言える。なおEも含め、本体部分(AB)への裏書は、Cに及んでいないので、Cに先立つことは認めなければならない。Ｄの成立年代については、Ｃの検討を経た上で、もう一度考えることとしよう。

Ｃに関して目立つのは、律令用語の使用である。順に見てゆくと、最初に置かれた法隆寺金堂薬師像の銘Ｃａでは、原銘文の「治天下」が「御宇」に改められている。知恩院本では、原銘文との相違に気づいた後人が、これを丸く囲って抹消し、銘文どおりに訂正している。次の釈迦三尊像光背銘の注Ｃｃでは、「穴太部王《あなほべのみこ》」や「穴太部間人王」（いずれも太子の母、穴太部間人皇女を指す）といった古めかしい表記がある一方、並行して律令制的な語が用いられているのが注目される。「鬼前大后」に対する「神前皇后」、「膳大刀自」に対する「膳夫人」である。律令制的な「夫人《ぶにん》」の語を、和語オオトジに当てて用いる例は、長屋王家木簡に少なくない。天皇の有力な后を意味するオオキサキは、令制の「皇后」の和訓として残った。こうした二系列の用語が混用されるところに、Ｃの特色があろう。

そのことは死没の表現にも見られる。「薨逝」というような表現もあるが、「（膳）大刀自は二月廿一日に卒する也、聖王は廿二日に薨ずる也」とあるのは、五位以上と皇親の死を卒《しゅつ》と言い、親王と三位以上の死を薨《こう》と言う、喪葬令の規定を念頭において書き分けたものに相違ない。

このことに関わって注意されるのは、Ｃｃに引用された『帝記』の文である。その内容はＢａと重なるため、早くからＢからの引用とする見解も出されている。とりわけ、本書の系譜部分Ａが本来「帝記」と名付けられていたのが、全体に及んで書名になったのであり、本書の原名は「上宮聖徳法王帝記」であったとする説は（太田晶二郎一九九二）、今日もなお有効であろう。記紀のもとになった『帝紀』（紀と記は古くは通用）にあっても、系譜だけでなく関連の事績が記されていて不自然ではなく、そうなれば、本書にはまさに「帝記」の称がふさわしい。ところでそのＣｃの『帝記』には、「東宮」と言う律令用語とともに、「平章《へいしょう》」の語が使われている。いうまでもなく東宮は、日本の律令制でも東宮職員令《とうぐうしきいんりょう》以下に見える律令用語の一つである。「平章」は協議することを意味し、律令の用語ではないが、古代の単行法令や文書にしばしば見え（藪田嘉一郎一九七六）、『令集解《りょうのしゅうげ》』賦役令封戸《ぶやくりょうふこ》条の『令釈』にも現れている。律令官人の常用語と言えよう。Ｂａでは、ここが「共に天下の政を輔《たす》けて」となっており、引用に際しそれを律令制的な用語で置き換えたものと言えよう。

続く天寿国繡帳銘《てんじゅこくしゅうちょうめい》とその注Ｃのｄｅについては、特に時期を云々できるような材料を欠く。天皇名に漢風諡号が使われていないことは注意されるが、あえて銘文の

「太子崩ず」に注して、「即ち聖王也」とするのを見ると、聖徳皇太子や東宮聖王の語に慣れた人物の注かと憶測されないでもない。また本行から細字の注へと続く注の形式が、『古事記』などに見られるものと軌を一にしているが、こうした形式の注は平安初期までの文献にしか見られない（石塚晴通一九六七）。天寿国繡帳銘の部分に限らず、その後に続く巨勢三杖《こせのみつえ》大夫の歌三首Ｃｆを含め、全体としてＣが太子の死をめぐる情報を付加しようとしていることは、これまでも言われてきたとおりで、天寿国繡帳銘以降の記事についても、それまでと一括して考えて誤りはないであろう。

そこで改めてＣ全体の成立について考えるなら、やはり律令語ないし律令制的な用語と、古風な和語表記の並存が注目される。天王寺障子伝（宝亀二年、七七一年成立）よりも古形を保つＣｃの伝承や漢風諡号の未採用から、最終的な下限は奈良時代末としても、実際には律令制の完全には浸透していない八世紀半ばごろを下限と見てよいと考える。この推定は、使用仮名字母から見た巨勢三杖の歌の年代（沖森卓也二〇〇五）とも矛盾しない。かつて家永氏は、Ｃが追加されたのは、太子の薨去をめぐる『補闕記』や『伝暦』の伝えが誤りであることを主張するためであったと考え、Ｃの成立を『伝暦』以降に求めたが、それが妥当でないことはＣｃの注で詳しく述べたとおりである。こう考えてくると、Cに先立つDの成立は、やはり八世紀前半ということになろう。

最後に現在紙背にあって文字どおり裏書になっている記事は、本文成立後のものであることが明らかである。その書風は一筆で、本文や本文に加えられた追筆の筆跡とは異なっている。また、二箇所に見える「或本云」と「有本云」が用字を異にするのは、本来別人による加筆であったからと解せられる。ある時点で、それまでに加えられていた裏書を一括して写し直したものであろう。この裏書が、底本第四紙の前半部分に集中して記されているのは、その部分の表には満紙に墨書があるわけでなく、比較的裏写りの文字が少なかったためであろう。この裏書は文字どおり裏書になっていて、性格が明らかなためか、これまで本文との関係について、かえって詳しい論及がなされてこなかった。近年の注釈には、表裏の内容的な対応関係を指摘したものもあるが、結果のみの提示に終わっているので(沖森卓也・佐藤信・矢嶋泉二〇〇五)、改めて成立時期を勘案しつつ見ておくと、豊浦寺《とゆらでら》と豊浦大臣に関する条(Fa)は、Dcの蘇我毛人《えみし》・入鹿《いるか》父子にふれた部分に対するものであろう。本文に「豊浦」が出るのは、ここのみである。観勒来朝の条(Fb)は、Dbの戊午年仏教公伝を記す中に「僧等」

が渡来したとあるのに関し、観勒がそれらとは異なる時期の来日であることを示したと考えられ、鞍作鳥《くらつくりのとり》の条（Ｆｃ）は、Ｃｂの釈迦三尊像光背銘の記事に対する追加情報と考えられる。播磨国水田の条（Ｆｄ）は、Ｂｅの講経記事に対し、異伝を加えたものに相違ない。

浄土寺（山田寺）発願の条（Ｆｅ）は、Ｂの冒頭の三宝興隆と造寺に関係して、造寺の例を補う意味があったのではないかと思われ、そうなると次の般若寺の条（Ｆｅ）も同様に判断される。なお浄土寺について造営過程を記した長文の注があり、この箇所は古代寺院史上有名であるが、末尾にある次の文によるなら、これが付加されたのは、承暦二年（一〇七八）のことである。

注承暦二年〈戊午〉、南一房写之。真曜之本之。

従ってこれらの裏書は、それ以前に付けられていた可能性が高いが、その点に関しては下文に述べよう。

裏書の最後にある嶋大臣《しまのおおおみ》の条（Ｆｆ）は、Ｂａの記事かＤｂの記事（いずれも三宝興隆関係）に付けられた裏書であろう。ただここまで述べたところで明らかなように、この嶋大臣を除く裏書の各条は、Dc、Db、Cb、Be、Baと、本文の逆順になっている。これは本文に付けられた裏書を、紙背の右から順に書写した結果に他ならないであろうから、嶋大臣の条も、もとはBaの紙背、しかもその末尾にあったと判断するべきである。これは嶋大臣の語が本書で初めて出る箇所であり、その意味でもこの解釈が自然である。

現在の裏書は、注が承暦二年に書き込まれたことからすると、それを成立の下限とするが、上限に関しての考察材料は漢風諡号が混用されていることくらいしか見当たらない。「曾我」の表記からしても、さほど古くまで遡るとは思われず、一応平安前期から中期と見ておくこととしたい。

以上の検討を踏まえ、今一度各部の成立年代をまとめると左のようである。

AB（第一部・第二部）	八世紀初め
C（第三部）	八世紀半ば
DE（第四部・第五部）	八世紀前半
裏書	平安前期から中期

年代判定の基準として重視したのは、律令制的な用語の浸透如何にあったから、その度合をどう見るかによっては、右の推定にも若干の幅を持たすことが求められるかもしれない。特に本書が公的な編纂物でないことは、総体に時期を引き下げて考える方が安全であることを示唆するとも言える。しかしそう考えるには、長屋王家木簡と並行して大量出土した二条大路木簡の表記が支障となろう。二条大路木簡は、長屋王家木簡より約二十年時期が降り、当時の貴族藤原麻呂《ふじわらのまろ》の邸宅で使われた木簡を多数含んでいる（奈良国立文化財研究所一九九六）。しかしその用語や表記、書風には、同じく上級貴族の邸宅に関わる木簡とはいえ、長屋王家木簡のような古風さがほとんど認められず、平城宮内の木簡と大差がない。また編纂物や守旧性が特に強い宣命を除き、現物の史料で男女を区別しない「王」ないし「王子」が見えるのは、天平勝宝三年（七五一）の竹野《たけの》王石塔銘《おうせきとうめい》が最も遅い。従って先の推定年代から大幅に降る年代を想定することは困難であろう。なお近年、既成の聖徳太子像を再検討する流れとも関連して、本書の本来の部分をAのみとする意見もあるが（吉田一彦二〇一二）、Aの分量は、字間・行間が詰まり気味とはいえ、底本で僅か一紙にも満たず、それで一書を成したとは考えられない。

ところで、現存する知恩院本は平安中期を降らない写本とされるが、その年代が特定できれば、本書の成立年代を考える一助とはなろう。しかし書風などを比較すべき類例に乏しい上に、古形の仮名以外、写本そのものに手がかりも少なく、年代推定は困難と言わざるをえない。極端には十二世紀の書写と見る説もあるが（吉田一彦二〇一二）、旧蔵者や裏書の年代からも、そこまで下げるのは無理で、底本に至るまでに少なくとも複数回の転写を経ていると判断される。底本の字間や行間が狭く、改行も少ないのは、底本がいわば手控え用として写された実用的な性格を持つからであろう。印象批評になるが、本文は十世紀、裏書は十一世紀初頭前後であろうか。その後、十一世紀半ばには、法隆寺僧の千夏《せんか》が蔵するところとなり、同寺の相慶に伝領されたことはEbの注にも記したとおりで、以後近世まで法隆寺に伝えられた。

このように検討してきて最後に残る疑問は、双行注が全て本書成立時のものかということである。確かにEの注は古い表記を含み、本文と一体としてよかろう。しかし、Bdの蜂丘寺に付けられた「彼の宮を并わせ川勝の秦公に賜う」などは、これのみでその意味が明らかとは言えない。『補闕記』は太子建立七寺を挙げて、蜂岳寺に同様の注を付けるが、『補闕記』ではその前に、太子が山背の葛野《かどの》にあった秦川勝《はだのかわかつ》邸に出向き、その近傍に宮を営んでこれを川勝に預けたことを記す。「彼の宮」とは、これに他ならない。この注は、前段に『補闕記』のような記述を伴ってこそ生きると言えよう。本書のこの条では、葛木寺にも『補闕記』と同じ「葛木臣に賜う」の注があるが、早く言われているように、双方とも『補闕記』を見た後人が、後に付加したものであろう（田中重久一九四四）。あるいは『補闕記』と同様の記述を持つ他の文献が典拠であるかもしれない。これほど判然とはしないが、Aに見える須加弖古《すかてこ》女王と山代大兄王の注についても疑いは残る。いずれも人物についての説明であるが、こうした注を付けるなら、これだけ多くの人物が列挙されている以上、他にも何がしかの注があってしかるべきではあるまいか。既にふれた播磨の田地に関する注を含め、E以外の双行注に関しては、このような疑点があることを付記しておきたい。

四　史料価値

本書の中に確実に七世紀まで遡る部分は見出せないとしても、主要部が八世紀の成立であることは、以上によって明らかになったと思う。既往の説と大きく異なるところもあるが、冒頭にも述べたとおり、これは新出の出土資料などを併せ検討した結果であって、本書の研究は新しい段階を迎えたと言える。従来言われてきたように、本書の記述は『日本書紀』や各種の太子伝に比べ、一段と簡素、古様であり、狩谷棭斎の言った「未だ古事記、日本紀を見ざる者の作る所に似たり」(『証注』)との評価が改めて首肯できるであろう。注で取り上げたように、新出の文字資料を参考とすれば細部についても新しい解釈が可能となるが、全体を通じての意義をまとめれば、太子伝の古形をとどめ、聖徳太子の実像に迫る手がかりを残していることに尽きる。例えば、聖徳太子を皇太子と呼ばず、太子、王命とすることは、その地位が皇太子や摂政ではありえず、後に皇子命(皇命・皇子尊)と呼ばれた中大兄・草壁皇子・高市《たけち》皇子などと同様、皇嗣の含みを持つ皇権代行者であったと考えるのが妥当である(東野治之一九九六c)。これに先だって『日本書紀』に見える「春宮」「太子」勾大兄《まがりのおおえ》(のちの安閑《あんかん》天皇)、「皇太子」渟《ぬ》中倉太珠敷尊《なくらのふとたましきのみこと》(のちの敏達《びだつ》)などについても、こうした視点からの見直しが必要と思う。

　逆に本書に言及がないという点では、外交関係が注目される。太子の事績として、遣隋使の派遣や新羅征討が古くから取り上げられてきたが、本書には全くふれるところがない。推古紀に隋使裴世清《はいせいせい》の来日が詳しく記されていても、太子の名は見えないことともあわせ、当時の外交関係が蘇我馬子の主導下にあった可能性を改めて検討してみなければなるまい。

また当然のことながら、本書には『日本書紀』や後の太子伝に色濃く反映する神秘的な要素も極めて少ない。中国南朝の高僧慧思《えし》の生まれ変わりとする慧思後身説が見えていないのは、その最たるものと言えよう。本書の性格をめぐっては、その唯一の写本が法隆寺に伝わったこともあって、法隆寺系の所伝が主体になっているとする見解もあるが、実際にはCの部分を除き、法隆寺からと限定できる顕著な影響は見出しにくい。慧思後身説の場合、もと法隆寺に伝わった細字法華経(法隆寺献納宝物)が密接不離の関係にあるが(東野治之二〇一一a)、そのCにすら細字法華経の影が見られないことは、本書の記事が古形を存していることを示唆しよう。

聖徳太子の実像を考える上に、法隆寺金堂釈迦三尊像光背銘が一次史料として極めて重要なことは言うまでもないが(東野治之二〇〇四b)、本書はそれと並んで、改めて太子研究の起点とすべき史料と位置づけなければならない。

参考文献

會津八一　一九八二　「法起寺塔婆露盤銘文考」『會津八一全集』一、中央公論社
足立　康　一九四四　「石川麻呂追福の仏像」『日本彫刻史の研究』龍吟社
飯田瑞穂　二〇〇〇ａ　「天寿国繡帳銘の復原について」『聖徳太子伝の研究』吉川弘文館
――――　二〇〇〇ｂ　「天寿国繡帳と飛鳥仏教」同右
家永三郎　一九七〇　『上宮聖徳法王帝説の研究　増訂版』三省堂（元版は一九五一・五三年）
石田尚豊　一九九八　『聖徳太子と玉虫厨子』東京美術
石塚晴通　一九六七　「本行から割注へ文脈が続く表記形式――古事記を中心とする上代文献及び中国中古の文献に於て」『国語学』七〇集
市川　寛　一九三三　「「御宇」用字考」『国語国文』三－六
稲垣晋也　一九八五　「聖徳太子建立七箇寺院の創建と成立に関する考古学的考察」、田村圓澄・黄壽永『半跏思惟像の研究』吉川弘文館
稲木吉一　一九九九　「聖徳太子と弥勒信仰――聖徳太子ゆかりの弥勒像と天寿国繡帳を

中心に」、吉村怜博士古稀記念会編『東洋美術史論叢』雄山閣出版
稲葉岩吉一九三六『釈椋』大阪屋号書店
遠藤みどり二〇一一「〈大后制〉の再検討」『古代文化』六三—二
太田晶二郎一九九一「『上宮聖徳法王帝説』夢ものがたり」『太田晶二郎著作集』二、吉川弘文館
太田博太郎一九七九『南都七大寺の歴史と年表』岩波書店
大西修也一九七六「東大寺七重塔露盤考」『美術史』二六—一
大橋一章一九九五『天寿国繡帳の研究』吉川弘文館
荻野三七彦一九九五「法王帝説書写年代に関する新史料」『日本古文書学と中世文化史』吉川弘文館
沖森卓也二〇〇五「『上宮聖徳法王帝説』の万葉仮名表記」、沖森卓也他『上宮聖徳法王帝説　注釈と研究』吉川弘文館
沖森卓也・佐藤信・矢嶋泉二〇〇五『上宮聖徳法王帝説　注釈と研究』吉川弘文館
金沢英之二〇〇一「天寿国繡帳銘の成立年代について——儀鳳暦による計算結果から」『国語と国文学』七八—一一
鎌田元一二〇〇一「律令制国名表記の成立」『律令公民制の研究』塙書房

栗原朋信一九七八 「日本から隋へ贈った国書」『上代日本対外関係の研究』吉川弘文館

古典保存会一九二八 『上宮聖徳法王帝説』古典保存会

田中重久一九四四 「広隆寺創立の研究」『聖徳太子御聖蹟の研究』全国書房

東京国立博物館一九九九 『法隆寺献納宝物銘文集成』吉川弘文館

東野治之一九七七 「天皇号の成立年代について」『正倉院文書と木簡の研究』塙書房

――一九九二 「日出処・日本・ワークワーク」『遣唐使と正倉院』岩波書店

――一九九六a 「長屋王家木簡の文体と用語」『長屋王家木簡の研究』塙書房

――一九九六b 「「長屋親王」考」同右

――一九九六c 「長屋王家木簡からみた古代皇族の称号」同右

――一九九七 「聖徳太子関係銘文史料」、石田尚豊編集代表『聖徳太子事典』柏書房

――二〇〇四a 「江田船山古墳の大刀銘」『日本古代金石文の研究』岩波書店

――二〇〇四b 「法隆寺金堂釈迦三尊像の光背銘」同右

――二〇〇四c 「天寿国繍帳の図様と銘文」同右

――二〇〇四d 「法起寺塔露盤銘」同右

――二〇〇五a 「聖徳太子の時代」『日本古代史料学』岩波書店

――二〇〇五b 「法隆寺の歴史」、愛媛県美術館他『聖徳太子と国宝法隆寺展』

――――二〇一一a 「日唐交流と聖徳太子慧思後身説」『大和古寺の研究』塙書房
――――二〇一一b 「ほんとうの聖徳太子」同右
――――二〇一一c 「法興年号と仏法興隆」同右
――――二〇一一d 「上之宮遺跡と聖徳太子の上宮」同右
――――二〇一一e 「片岡王寺と尼寺廃寺」同右
遠山美都男一九九五 「聖徳太子・誕生」、鈴木靖民・遠山美都男『聖徳太子とその時代』上、日本放送出版協会
内藤乾吉一九六七 「大方広仏花厳経巻第八解説」『書道全集』二六、平凡社
直木孝次郎一九九四 『難波宮と難波津の研究』吉川弘文館
長田権次郎一九一〇 『法王帝説証注』裳華房
奈良国立文化財研究所一九九六 『平城京 長屋王邸跡』吉川弘文館
西川杏太郎二〇〇〇 「法隆寺金堂釈迦・薬師二像と献納金銅仏の鋳造技法」『日本彫刻史論叢』中央公論美術出版
原 浩史二〇一二 「興福寺蔵旧山田寺仏頭再考――当初の安置堂宇と尊名の再検討を中心に」『仏教芸術』三二二号
福山敏男一九八二 「般若寺の創立に関する疑問」『福山敏男著作集』一、中央公論美術出版

――――一九八六「建築史随想（講演要旨）」『史迹と美術』五六－二（五六二号）
法隆寺国宝保存委員会一九五四『法隆寺五重塔秘宝の調査』法隆寺
毎日新聞社一九六九『原色版 国宝』三
松　前　健一九九九「聖徳太子厩戸誕生譚の一考察」『古代文学研究』五号
宮崎市定一九九二「日本の官位令と唐の官品令」『宮崎市定全集』二二、岩波書店
木簡学会一九九〇『日本古代木簡選』岩波書店
矢　嶋　泉二〇〇五「『上宮聖徳法王帝説』の構造」、沖森卓也他『上宮聖徳法王帝説注釈と研究』吉川弘文館
藪田嘉一郎一九七六「平章私釈」『日本古代文化と宗教』平凡社
山田孝雄一九五三「家永三郎氏著「上宮聖徳法王帝説の研究」を読む」『国語と国文学』三〇－八
義江明子二〇〇〇『日本古代系譜様式論』第二章、吉川弘文館
吉田一彦二〇一二「仏教伝来戊午年説の系譜」『仏教伝来の研究』吉川弘文館
渡里恒信二〇〇八「蜂岡寺・葛野秦寺と北野廃寺」『政治経済史学』五〇二号

系図

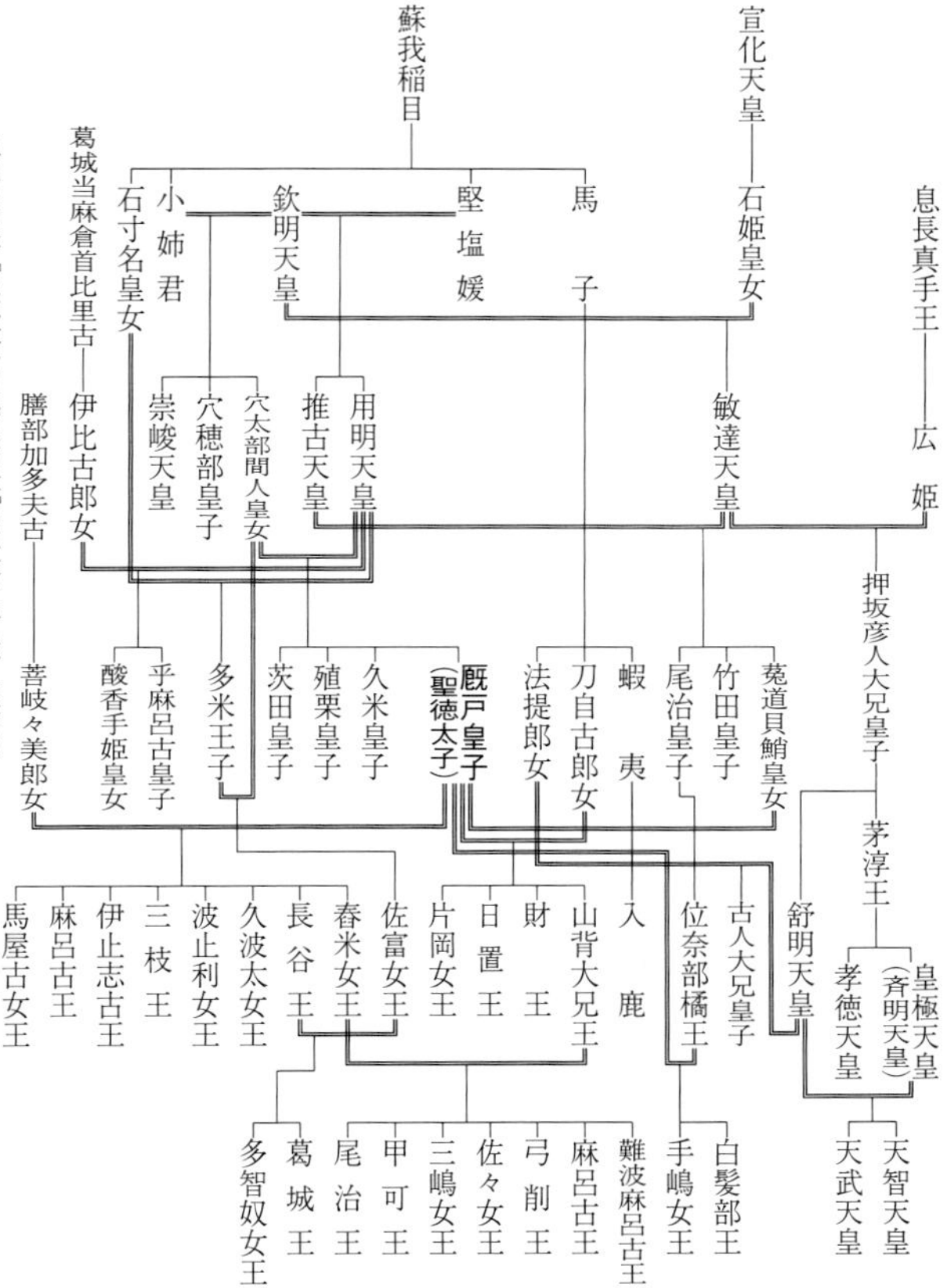

＊石田尚豊「聖徳太子関係系図」(『聖徳太子事典』柏書房、一九九七年)を一部改変

上宮聖徳法王帝説《じょうぐうしょうとくほうおうていせつ》

2013年3月15日　第1刷発行
2023年7月27日　第3刷発行

校注者　東野治之《とうのはるゆき》

発行者　坂本政謙

発行所　株式会社　岩波書店
〒101-8002　東京都千代田区一ツ橋2-5-5

案内 03-5210-4000　営業部 03-5210-4111
文庫編集部 03-5210-4051
https://www.iwanami.co.jp/

印刷・理想社　カバー・精興社　製本・中永製本

ISBN 978-4-00-330341-2　Printed in Japan

読書子に寄す

――岩波文庫発刊に際して――

岩波茂雄

真理は万人によって求められることを自ら欲し、芸術は万人によって愛されることを自ら望む。かつては民を愚昧ならしめるために学芸が最も狭き堂宇に閉鎖されたことがあった。今や知識と美とを特権階級の独占より奪い返すことはつねに進取的なる民衆の切実なる要求である。岩波文庫はこの要求に応じそれに励まされて生まれた。それは生命ある不朽の書を少数者の書斎と研究室とより解放して街頭にくまなく立たしめ民衆に伍せしめるであろう。近時大量生産予約出版の流行を見る。その広告宣伝の狂態はしばらくおくも、後代にのこすと誇称する全集がその編集に万全の用意をなしたるか。千古の典籍の翻訳企図に敬虔の態度を欠かざりしか。さらに分売を許さず読者を繋縛して数十冊を強うるがごとき、はたしてその揚言する学芸解放のゆえんなりや。吾人は天下の名士の声に和してこれを推挙するに躊躇するものである。このときにあたって、岩波書店は自己の責務のいよいよ重大なるを思い、従来の方針の徹底を期するため、すでに十数年以前より志して来た計画を慎重審議この際断然実行することにした。吾人は範をかのレクラム文庫にとり、古今東西にわたって文芸・哲学・社会科学・自然科学等種類のいかんを問わず、いやしくも万人の必読すべき真に古典的価値ある書をきわめて簡易なる形式において逐次刊行し、あらゆる人間に須要なる生活向上の資料、生活批判の原理を提供せんと欲する。この文庫は予約出版の方法を排したるがゆえに、読者は自己の欲する時に自己の欲する書物を各個に自由に選択することができる。携帯に便にして価格の低きを最主とするがゆえに、外観を顧みざるも内容に至っては厳選最も力を尽くし、従来の岩波出版物の特色をますます発揮せしめようとする。この計画たるや世間の一時の投機的なるものと異なり、永遠の事業として吾人は微力を傾倒し、あらゆる犠牲を忍んで今後永久に継続発展せしめ、もって文庫の使命を遺憾なく果たさしめることを期する。芸術を愛し知識を求むる士の自ら進んでこの挙に参加し、希望と忠言とを寄せられることは吾人の熱望するところである。その性質上経済的には最も困難多きこの事業にあえて当たらんとする吾人の志を諒として、その達成のため世の読書子とのうるわしき共同を期待する。

昭和二年七月

《哲学・教育・宗教》〔青〕

- ソクラテスの弁明・クリトン　プラトン　久保勉訳
- ゴルギアス　プラトン　加来彰俊訳
- 饗宴　プラトン　久保勉訳
- テアイテトス　プラトン　田中美知太郎訳
- パイドロス　プラトン　藤沢令夫訳
- メノン　プラトン　藤沢令夫訳
- 国家　全二冊　プラトン　藤沢令夫訳
- プロタゴラス　—ソフィストたち　プラトン　藤沢令夫訳
- パイドン　—魂の不死について　プラトン　岩田靖夫訳
- アナバシス　—敵中横断六〇〇〇キロ　クセノポン　松平千秋訳
- アリストテレス　ニコマコス倫理学　全二冊　高田三郎訳
- アリストテレス　形而上学　全二冊　出隆訳
- アリストテレス　弁論術　戸塚七郎訳
- アリストテレース　ホラーティウス　詩学・詩論　松本仁助・岡道男訳
- 物の本質について　ルクレーティウス　樋口勝彦訳
- エピクロス　—教説と手紙　出隆・岩崎允胤訳

- 生の短さについて　他二篇　セネカ　大西英文訳
- 怒りについて　他二篇　セネカ　兼利琢也訳
- エピクテトス　人生談義　全二冊　國方栄二訳
- マルクス・アウレーリウス　自省録　神谷美恵子訳
- 老年について　キケロー　中務哲郎訳
- 友情について　キケロー　中務哲郎訳
- 弁論家について　全二冊　キケロー　大西英文訳
- キケロー書簡集　高橋宏幸編
- エラスムス＝トマス・モア往復書簡　沓掛良彦・高田康成訳
- 方法序説　デカルト　谷川多佳子訳
- 哲学原理　デカルト　桂寿一訳
- 精神指導の規則　デカルト　野田又夫訳
- 情念論　デカルト　谷川多佳子訳
- パンセ　全三冊　パスカル　塩川徹也訳
- 知性改善論　スピノザ　畠中尚志訳
- スピノザ　エチカ　(倫理学)　全二冊　畠中尚志訳
- モナドロジー　他二篇　ライプニッツ　谷川多佳子・岡部英男訳

- ハイラスとフィロナスの三つの対話　バークリ　戸田剛文訳
- 市民の国について　全二冊　ヒューム　小松茂夫訳
- 自然宗教をめぐる対話　ヒューム　犬塚元訳
- 人間機械論　ド・ラ・メトリ　杉捷夫訳
- エミール　全三冊　ルソー　今野一雄訳
- ルソー　告白　全三冊　桑原武夫訳
- 人間不平等起原論　ルソー　本田喜代治・平岡昇訳
- ルソー　社会契約論　桑原武夫・前川貞次郎訳
- 政治経済論　ルソー　河野健二訳
- 学問芸術論　ルソー　前川貞次郎訳
- 演劇について　—ダランベールへの手紙　ルソー　今野一雄訳
- 言語起源論　—旋律と音楽的模倣について　ルソー　増田真訳
- ディドロ、ダランベール編　百科全書　—序論および代表項目　桑原武夫訳編
- ディドロ　絵画について　佐々木健一訳
- 道徳形而上学原論　カント　篠田英雄訳
- 啓蒙とは何か　他四篇　カント　篠田英雄訳
- 純粋理性批判　全三冊　カント　篠田英雄訳

- カント 実践理性批判 — 波多野精一・宮本和吉・篠田英雄訳
- 判断力批判 全二冊 — カント 篠田英雄訳
- 永遠平和のために — カント 宇都宮芳明訳
- プロレゴメナ — カント 篠田英雄訳
- 学者の使命・学者の本質 — フィヒテ 宮崎洋三訳
- シュライエルマッハー 独白 — 木場深定訳
- 哲学史序論 —哲学と哲学史 — ヘーゲル 武市健人訳
- ヘーゲル 政治論文集 全二冊 — 金子武蔵訳
- 歴史哲学講義 全二冊 — ヘーゲル 長谷川宏訳
- 法の哲学 —自然法と国家学の要綱 — ヘーゲル 上妻精・佐藤康邦・山田忠彰訳
- 自殺について 他四篇 — ショウペンハウエル 斎藤信治訳
- 読書について 他二篇 — ショウペンハウエル 斎藤忍随訳
- 知性について 他四篇 — ショーペンハウエル 細谷貞雄訳
- 将来の哲学の根本命題 他二篇 — フォイエルバッハ 松村一人・和田楽訳
- 不安の概念 — キェルケゴール 斎藤信治訳
- 死に至る病 — キェルケゴール 斎藤信治訳
- 体験と創作 全二冊 — ディルタイ 柴田治三郎・小牧健夫訳

- 眠られぬ夜のために 全二冊 — ヒルティ 草間平作・大和邦太郎訳
- 幸福論 全三冊 — ヒルティ 草間平作・大和邦太郎訳
- 悲劇の誕生 — ニーチェ 秋山英夫訳
- ツァラトゥストラはこう言った 全二冊 — ニーチェ 氷上英廣訳
- 道徳の系譜 — ニーチェ 木場深定訳
- 善悪の彼岸 — ニーチェ 木場深定訳
- この人を見よ — ニーチェ 手塚富雄訳
- プラグマティズム — W・ジェイムズ 桝田啓三郎訳
- 宗教的経験の諸相 全二冊 — W・ジェイムズ 桝田啓三郎訳
- 純粋経験の哲学 — W・ジェイムズ 伊藤邦武編訳
- 純粋現象学及現象学的哲学考案 全二冊 — フッセル 池上鎌三訳
- デカルト的省察 — フッサール 浜渦辰二訳
- 愛の断想・日々の断想 — ジンメル 清水幾太郎訳
- ジンメル宗教論集 — 深澤英隆編訳
- 笑い — ベルクソン 林達夫訳
- 道徳と宗教の二源泉 — ベルクソン 平山高次訳
- 物質と記憶 — ベルクソン 熊野純彦訳

- 時間と自由 — ベルクソン 中村文郎訳
- ラッセル教育論 — 安藤貞雄訳
- ラッセル幸福論 — 安藤貞雄訳
- 存在と時間 全四冊 — ハイデガー 熊野純彦訳
- 学校と社会 — デューイ 宮原誠一訳
- 民主主義と教育 全二冊 — デューイ 松野安男訳
- 歴史と自然科学・道徳の原理に就て・聖「プレルーディエン」より — ヴィンデルバント 篠田英雄訳
- 我と汝・対話 — マルティン・ブーバー 植田重雄訳
- アラン 幸福論 — 神谷幹夫訳
- アラン 定義集 — 神谷幹夫訳
- 天才の心理学 — E・クレッチュマー 内村祐之訳
- 英語発達小史 — H・ブラッドリ 寺澤芳雄訳
- 日本の弓術 — オイゲン・ヘリゲル述 柴田治三郎訳
- 饒舌について 他五篇 — プルタルコス 柳沼重剛訳
- ことばのロマンス —英語の語源 — ウィークリー 寺澤芳雄・出淵博訳
- 人間 —シンボルを操るもの — カッシーラー 宮城音弥訳
- 国家と神話 全二冊 — カッシーラー 熊野純彦訳

- 天才・悪 — ブレンターノ 篠田英雄訳
- 人間の頭脳活動の本質 他一篇 — ディーツゲン 小松摂郎訳
- プラトン入門 — R・S・ブラック 内山勝利訳
- 反啓蒙思想 他二篇 — バーリン 松本礼二編
- マキアヴェッリの独創性 他三篇 — バーリン 川出良枝編
- 論理哲学論考 — ウィトゲンシュタイン 野矢茂樹訳
- 自由と社会的抑圧 — シモーヌ・ヴェイユ 冨原眞弓訳
- 根をもつこと 全二冊 — シモーヌ・ヴェイユ 冨原眞弓訳
- 重力と恩寵 — シモーヌ・ヴェイユ 冨原眞弓訳
- 全体性と無限 全二冊 — レヴィナス 熊野純彦訳
- 啓蒙の弁証法 —哲学的断想 — M・ホルクハイマー T・W・アドルノ 徳永恂訳
- ヘーゲルからニーチェへ 十九世紀思想における革命的断絶 全二冊 — レーヴィット 三島憲一訳
- 統辞構造論 付『言語理論の論理構造』序論 — チョムスキー 福井直樹 辻子美保子訳
- 統辞理論の諸相 方法論序説 — チョムスキー 福井直樹 辻子美保子訳
- 言語変化という問題 —共時態、通時態、歴史 — E・コセリウ 田中克彦訳
- 快楽について — ロレンツォ・ヴァッラ 近藤恒一訳
- 古代懐疑主義入門 判断保留の十の方式 — J・アナス J・バーンズ 金山弥平訳

- ニーチェ みずからの時代と闘う者 — ルドルフ・シュタイナー 高橋巖訳
- 人間精神進歩史 全二冊 — コンドルセ 渡辺誠訳
- 人間の教育 全二冊 — フレーベル 荒井武訳
- フレーベル自伝 — 長田新訳
- 旧約聖書 創世記 — 関根正雄訳
- 旧約聖書 出エジプト記 — 関根正雄訳
- 旧約聖書 ヨブ記 — 関根正雄訳
- 旧約聖書 詩篇 — 関根正雄訳
- 新約聖書 福音書 — 塚本虎二訳
- 文語訳 新約聖書 詩篇付
- 文語訳 旧約聖書 全四冊
- キリストにならいて — トマス・ア・ケンピス 大沢章 呉茂一訳
- 聖アウグスティヌス 告白 全二冊 — 服部英次郎訳
- アウグスティヌス 神の国 全五冊 — 服部英次郎 藤本雄三訳
- 新訳 キリスト者の自由・聖書への序言 — マルティン・ルター 石原謙訳
- シュヴァイツェル イエスの生涯 メシアと受難の秘密 — シュヴァイツェル 波木居齊二訳
- キリスト教と世界宗教 — シュヴァイツェル 鈴木俊郎訳

- 水と原生林のはざまで — シュヴァイツェル 野村実訳
- コーラン 全三冊 — 井筒俊彦訳
- エックハルト説教集 — 田島照久編訳
- ムハンマドのことば ハディース — 小杉泰編訳
- 新約聖書外典 ナグ・ハマディ文書抄 — 荒井献 大貫隆 小林稔 筒井賢治 編訳
- 後期資本主義における正統化の問題 — ハーバーマス 山田正行・金慧訳
- シンボルの哲学 —理性、祭礼、芸術のシンボル試論 — S・K・ランガー 塚本明子訳
- ジャック・ラカン 精神分析の四基本概念 全二冊 — ジャック＝アラン・ミレール編 小出浩之 新宮一成 鈴木國文 小川豊昭訳
- 精神と自然 生きた世界の認識論 — グレゴリー・ベイトソン 佐藤良明訳

《歴史・地理》〔青〕

- 新訂 魏志倭人伝・後漢書倭伝・宋書倭国伝・隋書倭国伝 ―中国正史日本伝1　石原道博編訳
- ヘロドトス 歴史 全三冊　松平千秋訳
- トゥーキュディデース 戦史 全三冊　久保正彰訳
- ガリア戦記　カエサル　近山金次訳
- タキトゥス ゲルマーニア　泉井久之助訳註
- タキトゥス 年代記 ―ティベリウス帝からネロ帝へ 全二冊　国原吉之助訳
- ランケ 世界史概観 ―近世史の諸時代　鈴木成高・相原信作訳
- ランケ自伝　林健太郎訳
- 歴史とは何ぞや　ベルンハイム　坂口昂・小野鉄二訳
- 歴史における個人の役割　プレハーノフ　木原正雄訳
- 古代への情熱 ―シュリーマン自伝　シュリーマン　村田数之亮訳
- 大君の都 ―幕末日本滞在記 全三冊　オールコック　山口光朔訳
- アーネスト・サトウ 一外交官の見た明治維新 全二冊　坂田精一訳
- ベルツの日記 全二冊　トク・ベルツ編　菅沼竜太郎訳
- 武家の女性　山川菊栄
- インディアスの破壊についての簡潔な報告　ラス・カサス　染田秀藤訳

- ラス・カサス インディアス史 全七冊　長南実訳　石原保徳編
- コロンブス 全航海の報告　林屋永吉訳
- 戊辰物語　東京日日新聞社会部編
- 大森貝塚 ―付 関連史料　E・S・モース　近藤義郎・佐原真編訳
- ナポレオン言行録　オクターヴ・オブリ編　大塚幸男訳
- 中世的世界の形成　石母田正
- 日本の古代国家　石母田正
- クリオの顔 歴史随想集　E・H・ノーマン　大窪愿二編訳
- 日本における近代国家の成立　E・H・ノーマン　大窪愿二訳
- 旧事諮問録 ―江戸幕府役人の証言 全二冊　旧事諮問会編　進士慶幹校注
- 朝鮮・琉球航海記 ―一八一六年アマースト使節団とともに　ベイジル・ホール　春名徹訳
- ローマ皇帝伝 全二冊　スエトニウス　国原吉之助訳
- アリランの歌 ―ある朝鮮人革命家の生涯　ニム・ウェールズ　キム・サン　松平いを子訳
- ヒュースケン日本日記 ―1855～61　青木枝朗訳
- さまよえる湖 全二冊　ヘディン　福田宏年訳
- 老松堂日本行録 ―朝鮮使節の見た中世日本　宋希璟　村井章介校注
- 十八世紀パリ生活誌 ―タブロー・ド・パリ 全二冊　メルシエ　原宏編訳

- 北槎聞略 ―大黒屋光太夫ロシア漂流記　桂川甫周　亀井高孝校訂
- ヨーロッパ文化と日本文化　ルイス・フロイス　岡田章雄訳注
- ギリシア案内記 全二冊　パウサニアス　馬場恵二訳
- 西遊草　清河八郎　小山松勝一郎校注
- オデュッセウスの世界　フィンリー　下田立行訳
- 東京に暮す ―一九二八～一九三六　キャサリン・サンソム　大久保美春訳
- ミカド ―日本の内なる力　W・E・グリフィス　亀井俊介訳
- 増補 幕末百話　篠田鉱造
- 明治百話 全二冊　篠田鉱造
- 幕末明治 女百話 全二冊　篠田鉱造
- トゥバ紀行　メンヒェン＝ヘルフェン　田中克彦訳
- 徳川時代の宗教　R・N・ベラー　池田昭訳
- ある出稼石工の回想　マルタン・ナド　喜安朗訳
- 植物巡礼 ―プラント・ハンターの回想　F・キングドン-ウォード　塚谷裕一訳
- モンゴルの歴史と文化　ハイシッヒ　田中克彦訳
- ローマ建国史 全三冊（既刊上巻）　リーウィウス　鈴木一州訳
- 元治夢物語 ―幕末同時代史　馬場文英　徳田武校注

岩波文庫の最新刊

三木清著
構想力の論理 第一
パトスとロゴスの統一を試みるも未完に終わった、三木清の主著。〈第一〉には、「神話」「制度」「技術」を収録。注解＝藤田正勝。(全二冊)
〔青一四九-二〕 定価一〇七八円

ジュリアン・グリーン作／石井洋二郎訳
モ イ ラ
極度に潔癖で信仰深い赤毛の美少年ジョゼフが、運命の少女モイラに魅入られ……。一九二〇年のヴァージニアを舞台に、端正な文章で綴られたグリーンの代表作。
〔赤N五二〇-一〕 定価一二七六円

バジョット著／遠山隆淑訳
イギリス国制論(下)
イギリスの議会政治の動きを分析した古典的名著。下巻では、政権交代や議院内閣制の成立条件について考察を進めていく。第二版の序文を収録。(全二冊)
〔白一二二-三〕 定価一一五五円

大泉黒石著
俺の自叙伝
ロシア人を父に持ち、虚言の作家と貶められた大正期のコスモポリタン作家、大泉黒石。その生誕からデビューまでの数奇な半生を綴った代表作。解説＝四方田犬彦。
〔緑二二九-一〕 定価一一五五円

……今月の重版再開……

川合康三選訳
李商隠詩選
定価一一〇〇円
〔赤四二-一〕

鈴木範久編
新渡戸稲造論集
定価一一五五円
〔青一一八-二〕

定価は消費税 10% 込です　2023. 5

岩波文庫の最新刊

グレゴリー・ベイトソン著／佐藤良明訳
精神の生態学へ (中)
コミュニケーションの諸形式を分析し、精神病理を「個人の心」から解き放つ。中巻は学習理論・精神医学篇。ダブルバインドの概念、アルコール依存症の解明など。(全三冊)〔青N六〇四-三〕 定価一二一〇円

イーディス・ウォートン作／河島弘美訳
無垢の時代
二人の女性の間で揺れ惑う青年の姿を通して、時代の変化にさらされる〈オールド・ニューヨーク〉の社会を鮮やかに描く。ピューリッツァー賞受賞作。〔赤三四五-一〕 定価一五〇七円

バジョット著／宇野弘蔵訳
ロンバード街 ―ロンドンの金融市場―
一九世紀ロンドンの金融市場を観察し、危機発生のメカニズムや「最後の貸し手」としての中央銀行の役割について論じた画期的著作。改版。(解説＝翁邦雄)〔白一二二-一〕 定価一三五三円

道籏泰三編
中上健次短篇集
中上健次(一九四六―一九九二)は、怒り、哀しみ、優しさに溢れた人間のあり方を短篇小説で描いた。『十九歳の地図』『ラプラタ綺譚』等、十篇を精選。〔緑二三〇-一〕 定価一〇〇一円

……今月の重版再開……

井原西鶴作／横山重校訂
好色一代男
〔黄二〇四-一〕 定価九三五円

ヴェブレン著／小原敬士訳
有閑階級の理論
〔白二〇八-一〕 定価一二一〇円

定価は消費税10％込です 2023.6